이 책을 존재 자체만으로도 빛나는

_____ 에게 드립니다.

매일 질문

초판 1쇄 인쇄 2018년 2월 1일
초판 1쇄 발행 2018년 2월 5일

지은이 김선미
발행인 조상현
마케팅 김나연
편집인 김주연
디자인 Design IF
펴낸곳 더디퍼런스

등록번호 제2015-000237호
주소 서울시 마포구 마포대로 127, 304호
문의 02-712-7927
팩스 02-6974-1237
이메일 thedibooks@naver.com
홈페이지 www.thedifference.co.kr

ISBN 979-11-6125-072-4 (13190)

독자 여러분의 소중한 원고를 기다리고 있으니 많은 투고 바랍니다.
이 책은 저작권법 및 특허법에 따라 보호받는 저작물이므로 무단전재와 무단복제를 금합니다.
파본이나 잘못 만들어진 책은 구입하신 서점에서 바꾸어 드립니다.
책값은 뒤표지에 있습니다.

일러두기

《매일 질문》 참여자들 답변 샘플에서 일부 맞춤법에 어긋난 표현이 있습니다. 널리 양해를 구합니다.

Daily Series
09

매일 질문

김선미 지음

**무너진 자존감을 회복하는
100일의 기적**

더디퍼런스

프롤로그

질문을 잊지만 않는다면
언젠가는 그 답 안에서 살고 있는
자신을 만나게 될 것이다.

-릴케-

하루에 하나씩

책을 읽고 싶을 때면 늘 찾는 장소가 있습니다. 그곳에 자리를 잡고 커피를 마시며
책을 읽고 있었습니다. 책을 읽다 보니 여러 가지 질문들이 떠올랐습니다.
질문에 답을 해 볼까 싶었지만 책은 글자로 빼곡해서 여백이 충분치 않았습니다.
또 많은 질문이 한 번에 쏟아지니 정신을 차릴 수 없었고, 생각을 정리할 충분한 여유도
부족했습니다. 그때 이런 생각이 떠올랐습니다.

'그렇다면 욕심 부리지 말고 하루에 하나씩만 질문에 답해 보면 어떨까?'

우리는 너무 많은 곳에 정신을 쏟고 살아 갑니다. '너무 많다'라는 것은 어떤 것 하나에도
집중하지 못하고 있다는 다른 표현입니다. 하루에 한 가지에만 집중하면
어떤 변화가 생길까요?

지금 있는 장소를 한 번 둘러 보세요. 그다음 눈을 잠시 감아 봅니다.
그 장소에 노란색 물건이 몇 개나 있었나요? 이제 눈을 뜨고 방을 살펴보세요.
모든 것을 바라보던 시선을 노란색 물건에만 고정시키면 생각보다 눈에 잘 들어옵니다.
머리를 자르고 싶다고 생각하면 짧은 머리를 한 사람만 자꾸 눈에 들어오는 것처럼요.
이것을 '싱크로니티'라고 하는데요. '의미 있는 우연의 일치'를 뜻합니다.
한 가지만 생각하고 지내면 그것과 관련된 일들이 계속 발견된다는 뜻입니다.
범죄 수사를 하던 형사들이 자장면을 먹다가 "맞아! 범인은 그 사람이야!"라고 외치거나,
"아! 내가 왜 그걸 놓쳤지?!"라며 달려 나가잖아요. 문득 떠오른 것이 아닙니다.
끊임없이 한 가지만 생각하다 보니 갑자기 떠오르게 된 것이지요.

마찬가지입니다. 사람마다 각자 마음속에 다양한 꽃씨가 있습니다.
하지만 너무 많은 씨앗을 한 번에 키우려는 욕심으로 인해 결국 하나의 씨앗에도 집중하지 못합니다. 하루에 꽃씨 하나만 애정을 주고 키우다 보면 100일이 지났을 때 마음속에 아름다운 꽃들이 활짝 피어나 멋진 꽃밭이 만들어질 것입니다.

질문을 한다고요?

많은 책은 여러 가지 정보를 알려 주고 지혜를 줍니다. 하지만 그 정보와 지혜는 모두 저자의 것입니다. 다른 사람이 깨달은 것을 글로 읽었을 때 그것이 나에게 얼마나 큰 도움이 될까요? 갈릴레오 갈릴레이는 '우리는 사람들에게 그 어떤 것도 가르칠 수 없다. 우리가 할 수 있는 건 다만 그들이 자기 안에서 무엇인가를 찾도록 돕는 일이다'라고 했습니다. 소크라테스 역시 직접 지혜를 알려 주기보다 질문을 통해 스스로 답을 찾도록 하는 산파술을 공부 방법으로 사용했지요.
스스로 답을 찾았을 때 비로소 진정한 나를 만날 수 있고, 자존감을 회복하여 단단하게 일어설 수 있습니다. 하지만 이것은 쉬운 일이 아닙니다. 끊임없이 생각하고 생각해야 하기에 오랜 시간이 걸리고 길을 잘못 들기 일쑤입니다.
그렇기에 스스로 답을 찾아내는 과정에서 중요한 것이 바로 안내자입니다. 갈릴레오 갈릴레이가 사람들 안에 있는 것을 찾도록 돕고, 소크라테스가 질문을 통해 길을 안내하듯이 말입니다.
《매일 질문》은 나를 돌아보며 무너진 자존감을 회복할 수 있도록 여러분을 안내해드립니다.

그 어떤 답도 드리지 않습니다. 그저 질문을 던질 뿐입니다.
그 답은 바로 여러분 마음 깊은 곳에서 발견해 낼 수 있습니다.
계속 생각하고 고민하는 과정을 통해 내 안의 아름다움이 꽃으로 피어날 것입니다.
이렇게 핀 꽃은 여러분이 살아가는 동안 은은한 향기를 뿜어 줄 테고요.

하루에 하나씩 매일 질문

하루에 하나씩, 질문을 끊임없이 마음에 되새기며 지내 보세요. 그리고 잠들기 전 하루를 돌아보며 질문에 답해 보세요. 천천히 생각하고 느꼈던 하루가 글로 정리되면서 자신만의 아름다운 꽃이 피어날 것입니다.
책에서 읽은 좋은 행동을 내 것으로 만들고 싶지만 어떻게 해야 할지 갈피를 잡을 수 없어 시작도 못 해 보고 있진 않나요? 책을 읽는 순간 의욕이 솟았다가도 시간이 지나면 금세 희미해지진 않나요? 해야 할 것이 너무 많아 하기도 전에 지쳐버리진 않나요?
《매일 질문》은 나를 알고, 조금 더 멋진 사람으로 성장하기 위한 밑바탕이 될 소소한 질문과 액션으로 이뤄졌습니다.
나를 돌아보는 질문을 통해 100일의 기적을 경험하길 바랍니다!

차례

프롤로그 · 006
《매일 질문》 사용설명서 · 010

무너진 자존감을 회복하는 100일의 기적

Q001 시작 · 016	Q026 학교 · 066
Q002 목표 · 018	Q027 분노 · 068
Q003 고비 · 020	Q028 멘토 · 070
Q004 존재 · 022	Q029 이름 · 072
Q005 단어 · 024	Q030 감사 · 074
Q006 강점 · 026	Q031 독서 · 076
Q007 성공 · 028	Q032 슬픔 · 078
Q008 습관 · 030	Q033 해결 · 080
Q009 시 · 032	Q034 음식 · 082
Q010 도전 · 034	Q035 반성 · 084
Q011 감정 · 036	Q036 리더 · 086
Q012 포기 · 038	Q037 시선 · 088
Q013 사랑 · 040	Q038 로망 · 090
Q014 추억 · 042	Q039 장소 · 092
Q015 한계 · 044	Q040 나이 · 094
Q016 탓 · 046	Q041 멈춤 · 096
Q017 칭찬 · 048	Q042 질투 · 098
Q018 그림 · 050	Q043 오감 · 100
Q019 욕심 · 052	Q044 창문 · 102
Q020 청소 · 054	Q045 신뢰 · 104
Q021 재능 · 056	Q046 성취 · 106
Q022 고통 · 058	Q047 하늘 · 108
Q023 설렘 · 060	Q048 친구 · 110
Q024 실행 · 062	Q049 실패 · 112
Q025 행복 · 064	Q050 지속 · 114

Q051 동물 · 116
Q052 미움 · 118
Q053 결점 · 120
Q054 책 · 122
Q055 기회 · 124
Q056 짝사랑 · 126
Q057 두려움 · 128
Q058 아침 · 130
Q059 긍정 · 132
Q060 만남 · 134
Q061 문장 · 136
Q062 유죄 · 138
Q063 설득 · 140
Q064 취미 · 142
Q065 나눔 · 144
Q066 시간 · 146
Q067 상상 · 148
Q068 벽 · 150
Q069 감탄 · 152
Q070 자신 · 154
Q071 음악 · 156
Q072 이탈 · 158
Q073 웃음 · 160
Q074 아버지 · 162
Q075 몸 · 164

Q076 회복 · 166
Q077 이해 · 168
Q078 완벽 · 170
Q079 여행 · 172
Q080 비교 · 174
Q081 모방 · 176
Q082 죽음 · 178
Q083 관계 · 180
Q084 집 · 182
Q085 최선 · 184
Q086 일 · 186
Q087 직시 · 188
Q088 결정 · 190
Q089 순환 · 192
Q090 계획 · 194
Q091 휴식 · 196
Q092 말 · 198
Q093 고난 · 200
Q094 길 · 202
Q095 하루 · 204
Q096 용기 · 206
Q097 색깔 · 208
Q098 현재 · 210
Q099 피드백 · 212
Q100 자존감 · 214

《매일 질문》답변 샘플 및 실천 후기 · 216

《매일 질문》 사용설명서

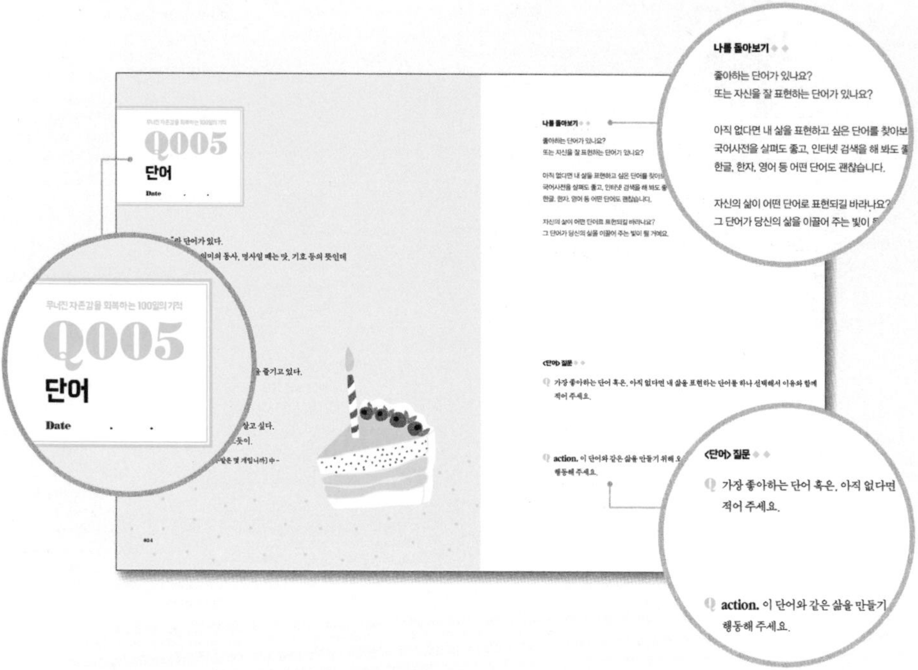

무너진 자존감을 회복하는 100일의 기적 방법

1 오늘의 키워드에 날짜를 적어요.
2 매일 아침 하루를 활기차게 시작할 수 있는 좋은 글과 함께 질문을 읽어요.
3 질문을 확인 후 하루 동안 그 질문을 생각하면서 보내요.
4 하루 동안 질문을 의식하며 보낸 후 저녁에 답을 적어요.
5 action은 실천 후 실행유무를 사진이나 기록으로 남겨요.
6 100일 동안 꾸준히 반복합니다.

매일매일 잘 실천하고 있는지 체크해 주세요

10일	1	2	3	4	5	6	7	8	9	10
20일	11	12	13	14	15	16	17	18	19	20
30일	21	22	23	24	25	26	27	28	29	30
40일	31	32	33	34	35	36	37	38	39	40
50일	41	42	43	44	45	46	47	48	49	50
60일	51	52	53	54	55	56	57	58	59	60
70일	61	62	63	64	65	66	67	68	69	70
80일	71	72	73	74	75	76	77	78	79	80
90일	81	82	83	84	85	86	87	88	89	90
100일	91	92	93	94	95	96	97	98	99	100

《매일 질문》을 시작하기 전
이것만은 지켜 주세요

#1 마음을 열고 질문을 바라봐 주세요.

부정의 안경을 낀 채 세상을 바라본다면 어떤 것도 당신의 마음을 울리지 못합니다. 하지만 긍정의 안경을 낀 채 세상을 바라본다면 모든 것이 신기하고, 모든 것에서 배울 점을 찾을 수 있습니다.

#2 시간을 충분히 가지고 질문을 생각해 주세요.

아침에 일어나서 질문을 읽고, 하루 동안 곰곰이 생각한 후 저녁에 답해 주세요. 하루라는 시간 동안 천천히 생각해요. 성급할 필요가 전혀 없습니다.

#3 질문에 답은 손으로 정성들여 써 주세요.

손으로 쓰면 생각의 속도를 의식적으로 늦추게 됩니다. 디지털 기기를 사용하여 기록하게 되면 생각나는 말들을 의식 없이 내뱉게 됩니다. 하지만 손으로 쓰게 되면 자연스레 머릿속에서 한 번 더 정리되어 정돈된 생각이 밖으로 나오게 됩니다.

#4 꾸준히 질문에 답해 주세요.

대부분 첫 시작은 열정이 가득하지만 지속하기란 쉬운 일이 아닙니다. 새해에 다이어리를 구입한 후 한두 달 후 더 이상 쓰지 않는 것처럼 말이죠. 《매일 질문》은 꾸준히 해야 효과가 있습니다. 혼자서 지속하기 어려운 분들은 주변의 친구, 동료, 가족과 함께해 보세요. 서로 답을 이야기하면서 더 깊이 있는 깨달음을 얻을 수 있습니다. 주변에 같이할 분이 없다면 '바람꽃' 카페를 통해 다양한 분을 만나 함께할 수 있습니다. (바람꽃 카페 http://cafe.naver.com/wishflower)

#5 오감을 예민하게 다듬어 주세요.

질문에 대한 답은 전혀 엉뚱한 곳에서 얻기도 합니다. 내 강점이 무엇일까를 고민하다가 문득 누군가로부터 들은 칭찬에서 발견하기도 하고, 저녁을 하다가 음식 솜씨가 좋다는 점을 깨닫기도 하지요. 하루 동안 경험하고, 보고, 듣는 모든 일이 질문에 대한 답으로 안내해 줄 것입니다.

#6 솔직하게 답해 주세요.

《매일 질문》은 자신만의 책입니다. 다른 사람에게 보여 주기 위한 답을 하지 마세요. 외부에서 원하는 것, 나에게 기대하는 것이 아닌 솔직한 내 생각을 적어 주세요. 이기적일 수도 있고, 나쁜 생각일 수도 있습니다. 하지만 자신을 돌아봐야 한 발 앞으로 나아갈 수 있습니다. 보기 싫은 모습, 아픈 모습일지라도 용기 내어 마주 봅시다.

#7 가능하면 예쁘게 꾸미고 답을 작성해 주세요.

질문에 대한 답은 스티커를 붙이고, 그림도 그리면서 예쁘게 꾸며 주세요. 기분도 좋아지고, 질문에 대한 애착도 함께 강해질 것입니다. 나만의 예쁜 책을 만들어가는 재미를 느껴 봐요.

#8 꼭 실천해 주세요.

질문을 읽다 보면 생각 뿐 아니라 실천해야 하는 것이 있습니다. 주변 고마운 사람에게 선물하라는 질문에 친정어머니에게 꽃다발을 사들고 방문했다는 분도 계셨고, 잘 걸지 않던 아버지에게 전화를 걸어 사랑한다는 말을 했다는 분도 계셨습니다. 이처럼 작은 실천만으로도 삶이 변화되는 경험을 할 수 있습니다.

무너진 자존감을
회복하는
100일의 기적

무너진 자존감을 회복하는 100일의 기적

Q001
시작

Date   .   .

논어를 읽기 전이나 읽은 뒤나 똑같다면
그는 논어를 읽지 않은 것이다.

-장자-

나를 돌아보기 ◆ ◆

어떤 사람들은 책을 읽으며 말하곤 합니다.
"나도 다 아는 내용이야."
그렇다면 묻겠습니다.
정말 그 책 속에 있는 내용을 다 안다고 이야기할 수 있을까요?
머리로? 가슴으로? 손으로? 발로? 온몸으로? 알고 계십니까?

앞으로 펼쳐질 100개의 질문은 단순하지만 중요한 내용을 담고 있습니다.
간곡히 부탁드립니다.
배우고. 생각하고. 실천하는 자세로 마음에 품고 행동해 주세요.
어떤 태도로 100일을 보내느냐에 따라 삶이 달라질 것입니다.

이제 질문은 제 손을 떠났습니다.
이 질문들을 통해 어떤 모습으로 변화될지는 여러분 손에 달렸습니다.

〈시작〉 질문 ◆ ◆

Q Why?! 《매일 질문》을 시작한 이유는 무엇인가요?

Q What?! 《매일 질문》에서 얻고 싶은 것은 무엇인가요?

Q How?! 《매일 질문》을 100일 동안 '꼭 지키겠다!'는 다짐을 3가지 적어 주세요.

무너진 자존감을 회복하는 100일의 기적
Q002
목표
Date   .   .

무엇보다 먼저 분명한 목표를 가져라.
목표가 구체적이고도 확실한 것이 될 때까지 갈고 닦아라.
목표를 항상 마음속에 간직하라.
분명한 목표가 있다면 당신은 그것을 위해
적극적으로 행동해야 한다.
이것이 바로 성공의 길이다.

- 노먼 빈센트 필(미국의 성직자) -

나를 돌아보기 ◆ ◆

어떤 것을 얻고 싶나요?
예쁜 몸매? 좋은 관계?
업무 실적? 학업 향상? 시험 합격?

이것을 얻기 위해 어떤 일을 하고 있나요?
자신이 원하는 것을 얻기 위해 '매일 목표'를 정해 볼까요?

〈목표〉질문 ◆ ◆

Q 오늘 하루 동안 되새길 나만의 목표를 작성해 보세요.
　　ex) 나는 오늘 하루 점점 더 건강해진다.

Q action. 하루 동안 계속 되새겨 주세요. 시간이 날 때마다 목표를 읽어 보고, 자신의 행동이 목표와 같은 방향으로 나아가고 있는지 점검합니다.

무너진 자존감을 회복하는 100일의 기적

Q003
고비

Date   .   .

무슨 일이든지 처음에는 곤란한 고비가 있다.
그 최초의 고비를 두려워 말아야 한다.
첫 고비를 넘으면 그보다 일은 훨씬 수월해지는 법이다.
사람들은 첫 고비를 두려워하기 때문에
능히 할 만한 일을 어렵다고 포기하고 만다.

- 채근담 -

나를 돌아보기 ◆ ◆

무거운 물건을 움직이려고 합니다. 가장 힘이 들 때가 언제일까요?
맨 처음입니다. 그렇게 느껴지는 것이 아닙니다.
과학적으로 멈춰 있는 물체를 움직이게 할 때 처음이 가장 큰 힘을 필요로 합니다.
하지만 한 번 움직이기 시작한 물건은 처음보다 더 수월하게 움직이죠.
탄력을 받았기 때문입니다.

엄두가 나지 않던 운동도 막상 시작해 보면 할 만하고,
어려울 것 같던 이직도 막상 뛰어들고 나면 해 볼 만합니다.
어떤 일을 시작할 때 가장 힘든 것은 첫 순간입니다.
시작하고 나면 생각보다 어렵지 않습니다.

두려워하고 있나요? 막상 시작하면 모두 다 할 수 있습니다.
당신은 그럴 만한 능력을 가지고 있습니다.

〈고비〉 질문 ◆ ◆

Q 시작이 두려워 망설였지만 막상 시작해 보니 뿌듯하거나 즐거웠던 경험이 있나요?

Q action. 시작이 두려워 결국 포기한 것이 있나요? 오늘 그 일을 다시 시작하기 위한 아주 작은 한 걸음, 계획을 세워 주세요.

무너진 자존감을 회복하는 100일의 기적

Q004
존재

Date   .   .

내가 하는 최선의 행동 중 한 가지는
주변에 "왜 그래?"라고 물어보는 친구들 말고,
"안 될 게 뭐 있어?"라며
주저하지 않고 말해 주는 친구들을 곁에 두는 것이다.
그런 태도는 놀라운 파급 효과가 있다.

- 오프라 윈프리 -

나를 돌아보기 ◆ ◆

어떤 일에 도전하기로 결심했을 때 주변 사람들 반응은 어떤가요?
"와! 멋진데?! 열심히 해!" 하며 격려하나요?
"그렇게 쉽게 되지 않을 걸" 하며 부정적인 반응을 보이나요?

제가 책을 쓰고 싶다고 했을 때 대부분의 반응은
"책 쓰는 게 그렇게 쉬운 줄 알아?" 였습니다.
하지만 몇 명의 사람들은
"넌 꼭 할 수 있을 거야!"
"너무 멋지다" 하며 응원하고 힘을 주었습니다.

그리고 이런 사람들이 있었기에 저는 용기 내어 도전할 수 있었습니다.
언제나 내 편이 되어 주는 '단 한 사람의 존재'면 충분합니다

<존재> 질문 ◆ ◆

Q 나에게 '단 한 사람의 존재'가 있나요? 누구인가요? 그 사람은 왜 나에게 '단 한 사람의 존재' 인가요?

Q action. 그 사람에게 오늘 어떤 방식으로든 꼭 감사한 마음을 표현해 주세요.

Q005
단어

Date   .   .

"Relish"란 단어가 있다.
맛있게 먹는다는 의미의 동사, 명사일 때는 맛, 기호 등의 뜻인데
목적어가 두 종류다.
음식과 생활.

"I relished the cake."
나는 그 케이크를 맛있게 먹었다.
또는
"She relishes new life with cat."
그녀는 고양이와 함께하는 새 생활을 즐기고 있다.

생활이란 맛보는 것이다.
"Relish"
내가 좋아하는 단어다. 그렇게 살고 싶다.
케이크나 아이스크림을 맛보듯이.

-에쿠니 가오리. 〔당신의 주말은 몇 개입니까〕 中 -

나를 돌아보기 ◆ ◆

좋아하는 단어가 있나요?
또는 자신을 잘 표현하는 단어가 있나요?

아직 없다면 내 삶을 표현하고 싶은 단어를 찾아보세요.
국어사전을 살펴도 좋고, 인터넷 검색을 해 봐도 좋아요.
한글, 한자, 영어 등 어떤 단어도 괜찮습니다.

자신의 삶이 어떤 단어로 표현되길 바라나요?
그 단어가 당신의 삶을 이끌어 주는 빛이 될 거예요.

〈단어〉 질문 ◆ ◆

🔵 가장 좋아하는 단어가 있나요? 아직 없다면 내 삶을 표현하는 단어를 하나 선택해서 이유와 함께 적어 주세요.

🔵 **action.** 이 단어와 같은 삶을 만들기 위해 오늘 하루 동안 할 수 있는 일은 무엇이 있을까요? 행동해 주세요.

무너진 자존감을 회복하는 100일의 기적

Q006
강점

Date   .   .

중간 이하의 능력을 향상시키려고
시간을 헛되이 보내지 마라.
강점에 집중하고 몰두하라.
무능력을 중간 수준으로 끌어올리는 데는
일류를 초일류로 만드는 것보다도
훨씬 더 많은 에너지가 필요하다.

- 피터 드러커 -

나를 돌아보기 ◆ ◆

만약 내 아이가 국어 90점, 수학 30점을 받았다면 어떻게 하시겠습니까?
대부분의 부모님은 수학 학원을 알아보기 시작합니다.
그렇게 수학에 집중하는 사이
90점이던 국어는 70점으로 약간 떨어지고,
30점이던 수학은 60점으로 약간 올라갈 것입니다.
결국 국어, 수학 둘 다 중간 수준밖에 되지 못합니다.
차라리 국어에 집중해서 100점으로 만드는 편이 낫지 않을까요?

나의 강점은 무엇인가요?
남들과 다르게 뛰어난 부분은 무엇인가요?
나를 초일류로 만들어 줄 수 있는 나의 강점을 찾아봅시다.

〈강점〉 질문 ◆ ◆

Q 내가 생각하는 나의 강점은 무엇인가요? 깊이 생각한 후 적어 주세요.

Q action. 다른 사람들은 나를 어떻게 보고 있을까요? 가까운 사람에게 나의 강점을 물어보세요.

무너진 자존감을 회복하는 100일의 기적

Q007
성공

Date . .

Woo Hoo!

성공이란 당신의 잠재력을 최대한까지 끌어올려 살아가는 것이다.
그저 삶을 보여 주려 하지 말라.
진짜 삶을 살면서, 즐기고, 음미하며, 느껴 보라.

- 조 캡(운동선수) -

나를 돌아보기 ◆ ◆

'성공' 이란 말을 들으면 어떤 느낌이 드나요?
초고속 승진을 하고, 돈을 많이 벌고, 좋은 차를 타는
그런 이미지가 그려지나요?

그건 진정한 성공이 아닙니다.
내가 좋아하는 일에 흠뻑 빠져들고,
사랑하는 사람들과 손잡고 함께 나아가며
사회에 많은 것을 나누는
진짜 성공.
해 보고 싶지 않나요?

〈성공〉 질문 ◆ ◆

Q 내가 생각하는 '성공'에 대한 정의를 내려 주세요.

Q action. 내가 정의한 성공을 위해 오늘 하루 무엇을 해야 할까요? 행동해 주세요.

무너진 자존감을 회복하는 100일의 기적

Q008
습관

Date   .   .

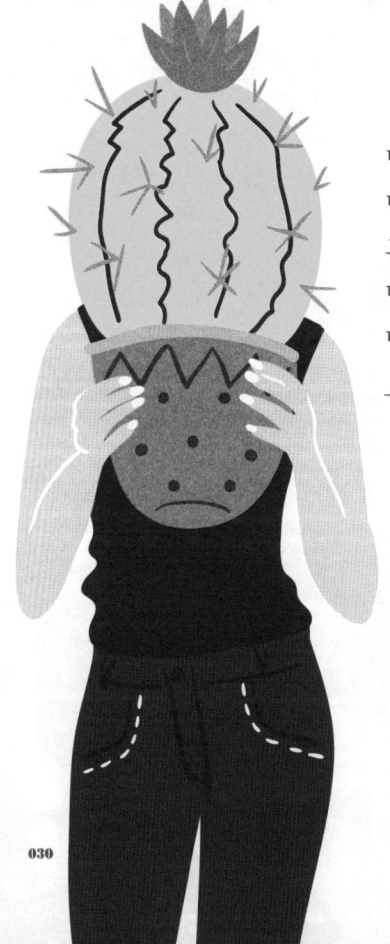

나를 잡아 길들이고 훈련시키고 단호하게 통제하면
나는 당신의 발밑에 이 세상을 바칠 것이다.
그렇지 않으면 내가 당신을 파괴할 것이다.
나는 누구인가?
나는 습관이다.

- 잭 D. 핫지 -

나를 돌아보기 ◆ ◆

인간이 하는 행동 40% 이상은 습관적으로 이루어진다고 합니다.
인생의 거의 절반은 의식하지 않고 습관적으로 한 행동으로 만들어지는 것이지요.

내 인생을 바라보세요.
내 인생은 어떤 습관들로 채워졌나요?
그 습관들은 나를 어떤 인생으로 데려가고 있나요?

내 인생을 좋은 습관들로 차곡차곡 채워가 보세요.
이 습관들이 나를 즐거운 인생으로 데려가 줄 거예요.

〈습관〉 질문 ◆ ◆

Q 나는 어떤 습관을 가지고 있나요? 긍정적 습관, 부정적 습관 모두 적어 보세요.

Q 이 습관들이 내 삶에서 어떤 영향을 주나요?

Q 내가 만들기만 하면 나에게 큰 도움이 될 습관에는 무엇이 있나요? 또는 무조건 만들어진 다고 가정했을 때 꼭 만들고 싶은 습관은 무엇인가요?

Q009

시

Date . .

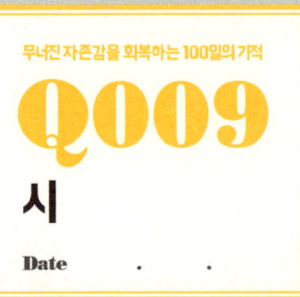

시(詩)란 모름지기
독자의 콘크리트 같은 가슴을 허물어뜨리는 감동이 있어야 하는 것,
독자의 심금을 울리려면
우선 내 심장을 북 두드리듯 둥둥 울려 대야 하느니...

- 서정주 -

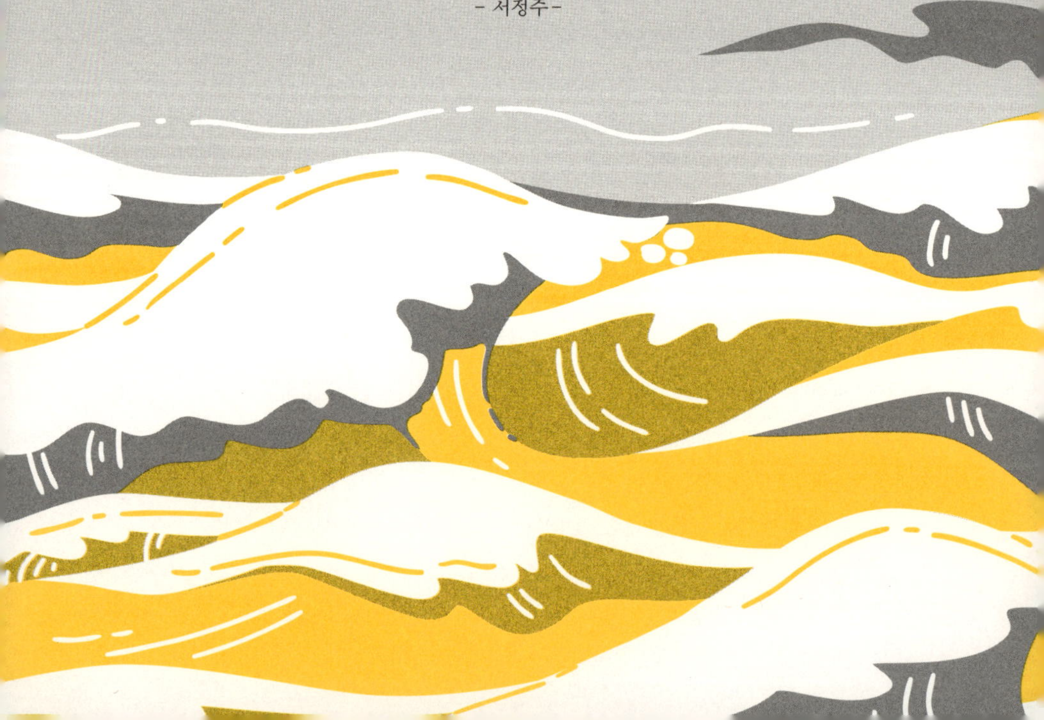

나를 돌아보기 ♦ ♦

영국에서는 할머니들도 영국을 대표하는 시인이 지은 시
10편 정도는 외우고 있다고 합니다.
외우고 있는 시가 있나요?

시를 읽으면 내가 느끼는 감정들이 풍부해지고,
감정들이 많아질 수록 삶은 풍성해집니다.

시는 어렵다며 멀리하고 있진 않나요?
오늘 시 한 편 읽으며 마른 감성에 단비를 내려 주면 어떨까요?

<시> 질문 ♦ ♦

Q **action.** 시 한 편을 읽어요. 시집을 찾아 보거나 인터넷으로 검색해 봐도 좋습니다.

Q 가장 마음을 울린 시 한 편을 천천히 써 보세요. 어떤 감정이 들었는지도 함께 적어 주세요.

무너진 자존감을 회복하는 100일의 기적

Q010
도전

Date   .   .

20년 뒤에 당신은 틀림없이
했던 일보다 하지 않은 일 때문에
더 화가 날 것이다.

- 마크 트웨인 -

나를 돌아보기 ◆ ◆

'바이올린을 배우고 싶어. 하지만 나는 이미 서른인 걸..
바이올린을 제대로 켜려면 3년은 걸릴 텐데.'

시작했다면 서른셋이 되었을 때 바이올린을 켤 수 있고,
시작하지 않았다면 그 나이가 되어도
여전히 바이올린을 배우고 싶다는 생각만 하고 있을 것입니다.

하고 싶은 일이 있다는 것은 즐거운 일입니다.
그리고 그 일을 하게 된다면 더욱 즐거울 거예요.
무언가를 시작하기에 시간은 언제나 충분합니다.

나이 때문에
상황 때문에
아이 때문에
하고 싶지만 미뤘던 일이 있나요?
지금이 도전하기에 가장 좋은 때입니다!

<도전> 질문 ◆ ◆

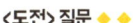 지금 도전해 보고 싶은 일이 있나요?

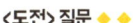 **action.** 그 일을 시작할 수 있는 방법을 조사해 봅시다.
ex) 볼링을 배우고 싶다. → 볼링 동호회 검색해 보기.

무너진 자존감을 회복하는 100일의 기적

Q011
감정

Date   .   .

> 위대한 작곡가는
> 영감을 받아 작곡을 시작하는 게 아니라
> 작곡을 시작하고 나서 영감을 받는다.
> 베토벤, 바그너, 모차르트, 바흐는
> 모두 날마다 마음을 다잡고 눈앞의 일에 정성을 기울였다.
> 그들은 영감을 기다리느라 시간을 낭비하지 않았다.
>
> - 어니스트 뉴먼(음악 비평가) -

나를 돌아보기 ◆ ◆

오늘은 운동할 기분이 아니야.
오늘은 공부할 기분이 아니야.

좋은 기분이 오기만을 기다리나요?
운동할 기분이 아니지만 막상 하고 나면 오히려 기분이 나아지기도 합니다.
별 일 없었는데 우울한 생각을 하다 보면
자신도 모르게 정말 우울해지기도 합니다.
이처럼 우리의 감정은 행동으로 바뀔 수 있습니다.
'슬퍼서 우는 게 아니라 우니까 슬퍼진다'라는 말도 있지요.

감정에 이끌려 행동을 미루기보다는
내 행동으로 감정까지 긍정적으로 바꿀 수 있습니다.

〈감정〉 질문 ◆ ◆

Q action. 오늘 하루 감정이 어땠나요? 자신의 감정을 가만히 지켜 보세요.
　　ex) 기분이 좋았다가, 갑자기 좀 우울해졌어요. 등등

Q 감정에 좌우되지 않고, 꾸준히 행동할 수 있는 방법을 만들어 보세요.
　　ex) '내가 왜 이것을 하지'라고 다시 한 번 내 목표를 생각해 본다.

무너진 자존감을 회복하는 100일의 기적

Q012
포기

Date   .   .

시간이 충분하지 않다고 불평하지 말라.
헬렌 켈러, 루이 파스퇴르, 미켈란젤로, 마더 테레사,
레오나르도 다 빈치, 토머스 제퍼슨,
알버트 아인슈타인에게도 하루는 24시간이었다.

- H. 잭슨 브라운 주니어(작가) -

나를 돌아보기 ◆ ◆

하루하루 어떻게 보내고 있나요?
시간이 없다고 동동거리고 있진 않나요?
'책도 읽고, 운동도 하고 싶은데 시간이 없어서 못 해'라고 말하고 있진 않나요?

하루를 돌아봅시다.
잠은 몇 시간 자나요?
멍 때리기는 얼마나 하나요?
SNS는 얼마나 하죠?
메신저로 의미 없는 대화는 얼마나 하나요?
인터넷 서핑, TV 보기, 의미 없는 모임, 영양가 없는 술자리는 얼마나 하나요?

정말 하고 싶은 것이 있다면 그 시간을 만들기 위해
다른 것을 포기할 수 있어야 합니다.

<포기> 질문 ◆ ◆

Q 내가 하고 싶은 것을 위해 무엇을 포기하겠습니까? 정말 포기할 것 하나만 선택해 주세요.

Q **action.** 스스로 이것은 꼭 포기하겠다는 다짐문을 만들어 봅시다.

무너진 자존감을 회복하는 100일의 기적

Q013
사랑

Date   .   .

자기 자신을 사랑하는 것,
그것은 평생에 걸친 로맨스의 시작이다.

- 오스카 와일드 -

나를 돌아보기 ◆ ◆

나를 많이 사랑해 주고 있나요?

난 아직 취업도 못했어.
난 결혼도 못했어.
난 집도 없어.

사회에서 바라보는 시선에 맞춰
자신을 부족한 사람으로 생각하진 않나요?

이 세상에 완벽한 사람은 아무도 없습니다.
완벽하지 않아도, 부족한 게 있어도 나는 존재만으로 충분히 멋진 사람입니다.
오늘 나를 진심으로 사랑해 주세요.

"너무너무 수고 많았어!"
"나는 정말 대단해!"

〈사랑〉 질문 ◆ ◆

Q action. 나에게 사랑한다고 진심을 담아 말해 주세요.

Q 자신에게 수고했다는, 사랑한다는 짧은 편지를 써 주세요.

무너진 자존감을 회복하는 100일의 기적

Q014
추억

Date   .   .

옛날이 지금보다 나은 이유는 뭔가가 하나 더 있기 때문이다.
'추억'이라는 것...

-페터 빅셀-

나를 돌아보기 ◆ ◆

어릴 적 어떤 모습이었는지,
즐거운 일들은 무엇이었는지 기억하나요?

어린 시절 모습이 있는 먼지 쌓인 앨범을 꺼내 보세요.
기분 좋은 추억이 있는 물건을 떠올려 보세요.
결혼 앨범, 아이의 성장 앨범, 가족 사진 등등
행복했던 순간들이 고스란히 담긴 사진과 물건을 찾아보세요.
얼굴에 미소가 떠오를 거예요.

〈추억〉질문 ◆ ◆

🍯 **action.** 추억이 담긴 나만의 사진이나 물건을 소개해 주세요.

🍯 추억을 다시 보면서 어떤 감정이 들었나요?

무너진 자존감을 회복하는 100일의 기적

Q015
한계

Date   .   .

어떤 일을 할 수 없다고 생각하는 마음의 진정한 의미는
그것을 하기 싫다고 다짐하는 것이다.
그러므로 그것은 실행되지 않는다.

-스피노자-

나를 돌아보기 ◆ ◆

저는 혼자 식당에서 밥을 먹지 못했습니다.
카페에 들어가서 빵을 먹는 경우는 있어도
식당에 들어가서 혼자 밥을 먹어 본 적은 없었지요.
사람들 시선이 두려웠고, 혼자 먹는 모습이 어색했습니다.
하지만 처음 용기를 내자 절대 못한다고 생각했던 그 일이
너무 별것 아닌 일이 되었습니다.

'난 이런 일을 한 번도 해 본 적이 없는 걸.'
'난 원래 이런 거 못하는 성격이야.'
'내 능력으로는 여기까지야. 더 이상은 나에게 무리야.'

스스로 한계 지으며 포기하고 있진 않나요?

〈한계〉 질문 ◆ ◆

Q 스스로 한계를 지어 포기했던 일이 있나요?

Q 지금 돌이켜 생각해 보면 어떤 생각이 드나요? 포기하기 잘했단 생각이 드나요? 아니면 시도해 볼 걸 후회가 되나요?

무너진 자존감을 회복하는 100일의 기적

Q016

탓

Date   .   .

집안이 나쁘다고 탓하지 마라.
나는 아홉 살 때 아버지를 잃고 마을에서 쫓겨났다.

가난하다고 투덜대지 마라.
나는 들쥐를 잡아먹으며 연명했고, 목숨을 건 전쟁이 내 직업이고 일이었다.

(중략)

너무 막막하다고 포기하지 마라.
나는 목에 칼을 쓰고도 탈출했고,
뺨에 화살을 맞고 죽었다 살아나기도 했다.

적은 밖에 있는 것이 아니라 내 안에 있었다.
나는 내게 거추장스러운 것은 깡그리 쓸어버렸다.
나를 극복하는 순간 칭기즈칸이 되었다.

- 칭기즈칸 -

나를 돌아보기 ◆ ◆

일이 잘되지 않을 때,
다른 사람이나 환경을 탓하는 것이 가장 쉽습니다.
나는 열심히 했는데 저 사람 때문에.
나는 최선을 다했는데 저 일 때문에.

내가 아닌 다른 곳에서 원인을 찾는다면
나에게는 미움, 분노, 불평만이 남습니다.

시선을 나에게 돌려 보세요.
정말 최선을 다했나요?
그렇다면 비록 일이 잘되지 않았더라도 그것으로 충분합니다.
최선을 다하지 않았나요?
그렇다면 앞으로 최선을 다하면 되겠지요.

남이 아닌 나를 바라볼 때 마음의 안정과 성장이 찾아옵니다.

〈탓〉 질문 ◆ ◆

Q 솔직하게 나를 바라보세요. 나는 남 탓, 환경 탓을 자주 하는 편인가요?
(예를 들어 직장 상사에게 혼이 나는 부정적인 상황이 닥쳤을 때 내 마음속의 말을 생각해 보세요.)

Q 오늘 하루 모든 일에서 남 탓, 환경 탓을 멈춰 보세요.
ex) 버스가 밀려서 지각할 뻔했어. → 내일부터는 조금 더 일찍 나와야겠다.
　　비가 오니 운동하기 싫다. → 운동하기 싫은 건 귀찮은 마음이 들기 때문이야.

무너진 자존감을 회복하는 100일의 기적

Q017
칭찬

Date   .   .

누군가에게
그날을 생애 최고의 날로 만들어 주는 것은 그리 힘든 일이 아니다.
전화 몇 통, 감사의 쪽지, 몇 마디의 칭찬과 격려만으로 충분한 일이다.

- 댄 클라크 -

나를 돌아보기 ◆ ◆

"오늘 옷이 왜 그래?!", "너 살쪘니?!"
늘 다른 사람의 단점만 지적하진 않나요?
주변 사람들에게 지적이 아닌 칭찬을 해 주세요.

칭찬하면 아부하는 것 같아 망설이게 되나요?
진심이 담기지 않은 칭찬은 입에 발린 말이 되지만
진심을 담은 칭찬은 하는 사람과 받는 사람 모두 행복하게 만듭니다.

칭찬할 것이 없다고요?
주변에 조금만 관심을 기울여 보세요.
매일 아침을 차려 주시는 엄마, 내가 부탁한 일을 열심히 해 주는 후배 직원,
늘 웃는 얼굴로 인사하는 친구.
칭찬할 일이 넘쳐난답니다.

〈칭찬〉 질문 ◆ ◆

Q **action.** 하루 동안 최소 5명에게 진심을 담아 칭찬해 주세요. 진심이 담기지 않은 칭찬은 오히려 상대방을 불편하게 만들 수 있습니다.

Q 칭찬하고 나니 기분이 어땠나요?

무너진 자존감을 회복하는 100일의 기적

Q018
그림

Date   .   .

그림은 영혼을 씻어 주는 선물이어야 한다.

- 르누아르 -

나를 돌아보기 ◆ ◆

그림 좋아하나요?
그림이라고 하면 거부감부터 드는 사람이 많습니다.

'나는 그림 하나도 모르는 걸.'
'나를 보고 무식하다고 하면 어떡하지?' 하는 걱정이 들기도 합니다.

너무 많은 미술가와 무슨 주의, 무슨 파.
도저히 뭔지 모르겠는 화가의 숨은 의도.
오늘만큼은 내 머릿속에서 화가를 저 멀리 밀어내고,
마음으로 그림을 보면 어떨까요?

'좋다.'
'뭔가 멋진데?!'
'오. 어딘지 모르게 마음에 들어.'
이 정도면 충분합니다.
그림을 통해 내 마음을 들여다봐 주세요.

<그림> 질문 ◆ ◆

Q action. 다양한 그림을 감상해 주세요.
(휴대 전화로 고흐, 모네, 르누아르, 피사로, 고갱, 피카소, 클림트 등을 검색해도 됩니다.)

Q 오늘 하루 마음에 들었던 그림이 있다면 그 그림을 기록해 주세요.
(원래 좋아하던 그림이 아니라 오늘! 내 마음에 드는 그림을 소개해 주세요. 화가의 의도가 아닌 내 마음에 들은 이유를 설명해 주세요.)

무너진 자존감을 회복하는 100일의 기적

Q019
욕심

Date   .   .

내가 누군가의 손을 잡기 위해서는
내 손이 빈손이 되어야 한다.
내 손에 너무 많은 것을 올려놓거나
내 손에 다른 무엇이 가득 들어 있는 한,
남의 손을 잡을 수 없다.
소유의 손은 반드시 상처를 입으나
텅 빈손은 다른 사람의 생명을 구한다.

-정호승-

나를 돌아보기 ◆ ◆

더 많은 무언가를 가지려고,
가지고 있는 것을 하나도 놓치지 않으려고,
주먹을 꽉 쥐고 있진 않나요?
혹여나 손에서 빠져나갈까 노심초사 걱정하진 않나요?

주먹을 꽉 쥔 채로는 더 이상 그 어떤 것도 집을 수 없습니다.
다른 누구의 손도 잡을 수 없습니다.

손을 살며시 펴 보세요.
더 많은 것을 얻을 수 있습니다.

〈욕심〉 질문 ◆ ◆

Q 어떤 부분을 가장 욕심 부리나요?
　　ex) 돈, 사람, 지식, 옷 등등

Q 그 욕심이 자신에게 도움이 되고 있나요? 아니면 해가 되나요?

무너진 자존감을 회복하는 100일의 기적

Q020
청소

Date   .   .

남자든 여자든,
기혼자든 독신이든 간에
집안 정리는 기도를 드리는 신성한 의식과 같다.
기도가 끝나면 응답이 있다.
무릎을 꿇고 웅크린 채 청소하다 보면
기도가 해 줄 수 없는 방식으로 내 몸이 정화된다.

- 제서민 웨스트 -

나를 돌아보기 ◆ ◆

집 한번, 내 방 한번 휘 둘러보세요.
깔끔하게 정리되었나요?
아니면 먼지가 굴러다니나요?

오늘 대청소 한 번 해 보면 어떨까요?
창문을 활짝 열고 환기를 시켜 주세요.
청소기를 돌리고, 걸레질도 하고, 이불도 팡팡 털어 주세요.

깨끗해진 집만큼 마음도 깨끗해질 거예요.

〈청소〉질문 ◆ ◆

Q action. 청소를 합니다. 시간이 없다면 책상 위, 서랍 하나만 정리해도 괜찮습니다. 청소하는 사진이나 청소 후 변화된 모습을 사진으로 남겨 주세요.

Q 청소하기 전과 후, 감정 변화를 기록해 주세요.

무너진 자존감을 회복하는 100일의 기적

Q021
재능

Date   .   .

사람마다 개성, 재능,
천부적 소질에서 차이를 보인다.
평등이 아니라 불평등이,
평준화가 아니라 개개인의 다름이
이 세상 발전의 척도이다.
개인의 개성을 키우자.
저마다의 우월성을 마음껏 발휘하자.
자기의 천부적 소질을,
찬란한 재능을 꽃 피우자.

- 셸링 -

나를 돌아보기 ◆ ◆

어떤 재능이 있나요?
아직 자신의 재능이 무엇인지 몰라 답답한가요?

신은 인간의 몸 깊숙한 곳에 각자의 재능을 꼭꼭 숨겨 세상에 보내셨다고 합니다.
그 재능이 무엇인지 찾아내는 것은 스스로 해야 합니다.
이것은 머리로는 찾을 수 없습니다.
시간과 에너지를 투자하고,
목적의식을 가진 노력을 통해서만 찾을 수 있습니다.

여러 가지 다양한 일에 직접 부딪혀 경험할 때,
비로소 재능을 발견할 수 있습니다.
지금까지 했던 자신의 경험을 되돌아보며 재능을 찾아봅니다.

〈재능〉 질문 ◆ ◆

Q 어떤 일을 할 때 밤을 새도 피곤하지 않고 즐거운가요?
  (단, 이때의 일은 생산적인 일이어야 합니다. 게임을 하거나 술을 먹거나 하는 일들은 순간의 즐거움이니 제외합니다.)

Q 먹고살 걱정이 없다는 가정하에 어떤 일을 하면 행복할 것 같나요?

무너진 자존감을 회복하는 100일의 기적

Q022
고통

Date   .   .

"힘내라고."

밤에 헤어질 때나 아주 좋은 이야기를 나누었을 때든지
아무 관련 없이
로댕은 곧잘 내게 이렇게 말하는 것이었습니다.
그는 알고 있었던 겁니다.
젊었을 때,
이 말이 날마다 얼마나 필요한 것인가를

- 릴케 -

나를 돌아보기 ◆ ◆

아프고 힘들어도 주변에 내색하지 않고 가슴에 숨겨 두는 사람들이 있습니다.
속으로 골병이 들어 가는데도 말입니다.
주변에 피해를 주기 싫어서 일수도 약한 모습을 보이고 싶지 않아서 일수도 있습니다.

하지만 계속되다 보면 자신도 모르게 묘한 어둠의 그림자가 생겨 납니다.
어두운 사람이라는 인상을 주게 되고, 독한 사람이라는 이야기를 듣기도 하지요.

꽁꽁 숨겨 둔 고통들로 인해 늘 가슴이 답답하고,
아무도 나를 몰라 주는 듯해 분노가 쌓이게 됩니다.

힘들 때 힘들다, 아플 때 아프다,
말해 보면 어떨까요?
분명히 주변에 있는 누군가가 당신 손을 잡아 줄 거예요. 믿어 보세요.

〈고통〉 질문 ◆ ◆

💡 아프고 힘들 때 주변에 이야기하는 편인가요? 아니면 꽁꽁 숨겨 두는 편인가요?

💡 사람들에게 힘들다고 이야기하지 못하는 가장 큰 이유는 무엇인가요?

무너진 자존감을 회복하는 100일의 기적
Q023
설렘
Date   .   .

세상에서 두 번째로 나쁜 죄악은 지루해하는 것이다.
그리고 가장 나쁜 죄악은 지루한 사람이 되는 것이다.

-세실 비튼-

나를 돌아보기 ◆ ◆

설렘 가득했던 그 순간을 기억하나요?
원하던 대학교에 입학하던 날, 첫 출근 날 긴장과 설렘.
사랑하는 사람과 첫 데이트, 꿈꾸던 결혼, 소중한 아이의 탄생.

그 설렘을 아직까지 간직하나요?
너무 원했던 일들이 후회되는 일로, 지겨운 일로, 날 힘들게 하는 일로 바뀌진 않았나요?

우리는 원하던 대학교에 입학했고, 원하던 회사에 취직했습니다.
사랑하는 사람과 데이트를 하고 연인이 되었으며
그 사람과 결혼하여 아이가 태어났습니다.
모두 내가 너무도 원했던 일이었습니다.
그 일은 변한 것이 없습니다.
바뀐 건 그 일이 아니라 바로 내가 아닐까요?
오늘 하루 설레었던 그 기억들을 다시 꺼내 보면 어떨까요?

<설렘> 질문 ◆ ◆

Q 지금까지 살아오면서 가장 설레었던 순간을 떠올려 보세요. 어떤 순간이었나요?

Q action. 그 설렘을 다시 일깨울 수 있는 행동은 무엇이 있을까요? 오늘 하루 그 행동을 합니다. ex) 연인과 처음 데이트했던 장소에 가기

무너진 자존감을 회복하는 100일의 기적
Q024
실행

Date   .   .

아는 것이 힘이던 시대는 지났다.
생각이든 결심이든 실천이 없으면
아무 소용이 없다.
아무것도 달라지지 않는다.
'하는 것'이 힘이다.
1퍼센트를 이해하더라도 그것을
실천하는 자가 행복한 사람이다.

- 우종민 박사 -

나를 돌아보기 ◆ ◆

저 앞에 정말 멋진 풍경을 보여 주는 산이 하나 있습니다.
한 사람은 성큼성큼 산 안으로 들어가 직접 경험합니다.
한 사람은 산에 들어갈 용기가 나지 않아
산 입구에 우두커니 서서 바라보기만 할 뿐입니다.

실행력이 부족한 사람들은 꿈을 꾸기만 할 뿐 행동하지 않습니다.
누군가 자신을 업고 산을 올라가 주길 기다리거나
자신이 산으로 들어가지 못하는 변명만 할 뿐입니다.

실행력이 뛰어난 사람들은 한 걸음씩 직접 걸어 꿈 안으로 들어가고,
속도 차이가 있을 뿐 결국 정상에 도달합니다.
당신은 어떤 사람입니까?

〈실행〉 질문 ◆ ◆

Q 자신의 실행력은 몇 점입니까? (100점 만점에 점수를 주세요.)

Q action. 한 주 동안 실행할 목표를 한 가지 정하여 실천해 주세요. 다음 주에 성공했는지를 기록해 주세요. ex) 새벽 6시에 일어나겠습니다. 매일 책 50p씩 읽겠습니다.

무너진 자존감을 회복하는 100일의 기적

Q025
행복

Date   .   .

집집마다 돌아다니며 지붕에 올라가 외치고 싶은 진리가 있다.
바로 지금 이 자리에 행복한 삶이 당신을 기다리고 있다는 것이다.

- 스키너(심리학자) -

나를 돌아보기 ◆ ◆

언제나 함께인 가족,
많은 것을 보고 느끼고 생각할 수 있게 해 주는 책,
내 삶이 성장할 수 있도록 도와주는 바인더,
향기 좋은 커피,
계속해서 모습을 바꾸는 하늘,
기분 좋은 웃음소리.

그리고
그대.
이 모든 것이 함께여서 행복합니다.

당신은 지금 이 순간 행복한가요?

〈행복〉 질문 ◆ ◆

Q 자신이 생각하는 행복의 정의를 내려 주세요.
　　ex) 행복은 사랑하는 사람과 함께 있는 것이다.

Q **action.** 자신이 정의한 행복을 오늘 하루 온전히 느껴 주세요.

무너진 자존감을 회복하는 100일의 기적

Q026
학교

Date   .   .

학생이 되기를 멈춘 자는 한 번도 학생인 적이 없었던 자이다.

-조르지오 일리스-

나를 돌아보기◆◆

매일매일 배우며 성장하고 있나요?
'시간이 없어서 못 배워.'
'자기계발 시간이 너무 부족해.'

배우기 위해 시간을 들여 책을 읽고, 모임에 참여하고,
학원에 가고, 강연을 들어야 한다고 생각하진 않나요?
주변을 둘러보세요. 모든 것에서 배울 수 있습니다.

단, 배움의 학교로 입장하기 위해서 딱 한 가지가 필요합니다.
바로 '배우겠다는 마음'입니다.
이것 하나면 됩니다.

〈학교〉 질문◆◆

Q **action.** 최대한 많은 것을 배우겠다는 마음으로 오늘 하루를 보내요. 어떤 것을 배웠나요?
ex) 매일 가족을 위해 아침을 차려 주는 엄마에게서 사랑을 배웠다.
출근하니 먼저 밝게 인사하는 후배에게서 긍정적인 마음가짐을 배웠다.

Q 배운다는 자세로 하루를 보내니 어떤 생각이 드나요?

무너진 자존감을 회복하는 100일의 기적

Q027
분노

Date   .   .

화를 마음에 담고 있는 것은 손에 뜨거운 석탄을 쥐고
다른 사람에게 던지려고 하는 것과 같다.
그 석탄에 손을 대는 것은 바로 자기 자신이다.

- 부처 -

나를 돌아보기 ◆ ◆

중학교 3학년 때 과학 선생님 별명이 '백발마녀'였습니다.
별명에서도 느껴지듯 매우 무서운 분이었는데
그 이유가 선생님 기분에 따라 수업이 달라지기 때문이었습니다.
한마디로 종잡을 수 없었습니다.

같은 잘못도 기분이 좋으면 웃으며 넘어가고,
기분이 안 좋으면 아주 크게 혼이 났죠.

자신의 감정에 따라 쉽게 흔들리는 사람,
그리고 그 감정을 다른 사람에게 전달하는 사람,
혹시 지금 당신이 '백발마녀'가 되어 있진 않나요?

〈분노〉 질문 ◆ ◆

Q 화가 났을 때 내 모습을 되돌아봅시다. 어떤 말과 행동, 표정을 하고 있나요?

Q 화가 났을 때 그 화를 누구에게 전달하나요? 엄마? 남편? 자녀?

무너진 자존감을 회복하는 100일의 기적

Q028
멘토

Date   .   .

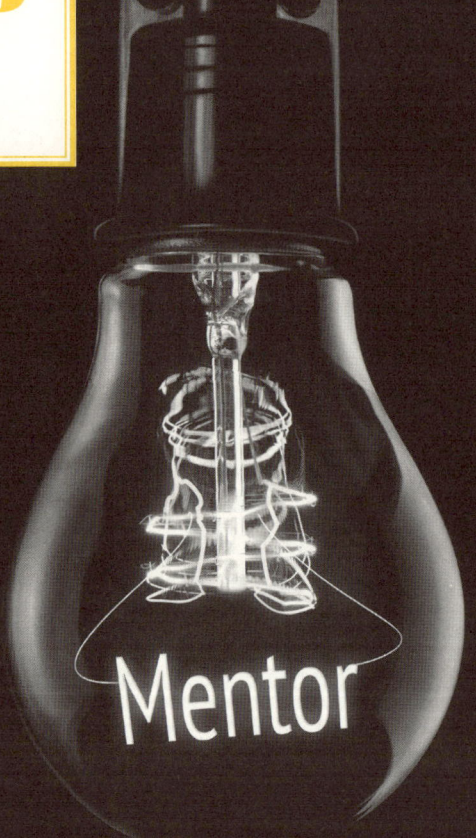

사람은 누구나 그 어떤 면에서 나보다 더 낫다.
그런 점에서 나는 그에게서 배운다.

- 랄프 왈도 에머슨 -

나를 돌아보기 ◆ ◆

멘토를 찾고 있나요?
유명한 누군가, 성공한 누군가를 찾아 헤매고 있나요?

주변을 둘러보세요.
상사, 친구, 후배, 가족. 많은 사람이 당신의 멘토가 될 수 있습니다.

그들의 모습을 관찰해 보고, 배울 수 있는 점을 찾아보세요.
당신은 더욱 더 성장하게 될 것입니다.
오늘 당신만의 멘토를 찾아보세요.

<멘토> 질문 ◆ ◆

Q **action.** 주변을 둘러보고 자신의 멘토 한 명을 선택합니다. 이때 곁에 있는 누군가도 괜찮고, 직접 만나지 못하는 그 누구도 상관없습니다. 그다음 직접 만남, 통화 등 다양한 방법으로 그 사람에 대해 알아보세요. ex) 엄마, 직장 상사 등등

Q 알게 된 것을 토대로 멘토를 소개하는 글을 써 보세요. 어떤 사람이며 왜 멘토로 선택했나요?

071

Q029
이름

무너진 자존감을 회복하는 100일의 기적

Date   .   .

사람은 세 가지 이름을 갖는다.
양친이 태어났을 때 붙여 주는 이름,
친구들이 우애의 정을 담아 부르는 이름,
그리고
자기 생애가 끝났을 때 획득하는 이름, 명성이다.

-탈무드-

나를 돌아보기 ◆ ◆

학생들은 선생님 이름을 잘 모릅니다.
그래서 선생님을 표현하는 방식이 아주 다양합니다.

조금 뚱뚱하고 귀여운 선생님이요!
나이 좀 많으시고 이렇게 머리 파마하신 선생님이요!
이런 설명을 들으면 신기하게도 그 선생님이 누구인지 떠오릅니다.
학생들이 그만큼 특징을 잘 설명한다고 볼 수 있겠지요?

그때마다 생각해 봅니다.
사람들은 나를 어떻게 설명할까?
사람들에게 나는 어떻게 불려지고 싶은가?

<이름> 질문 ◆ ◆

Q action. 사람들에게 어떤 나로 불려지고 싶나요? 자신만의 명함을 만들어 봅시다.

무너진 자존감을 회복하는 100일의 기적

Q030
감사

Date   .   .

기도를 계속하고
기도에 감사함으로
깨어 있으라

- 골로새서 4장 2절 -

나를 돌아보기 ◆ ◆

오늘 아침 처음 눈을 떴을 때 떠오른 생각은 무엇이었나요?
"와! 하루의 시작이다!" 하고 감탄했나요?
"벌써 아침이야? 더 자고 싶어" 하는 아쉬움이었나요?

하루가 시작되고 내가 하루를 살아갈 수 있음에 감사하는 마음을 품어 보세요.
감사하는 마음은 긍정적인 성격을 갖게 해 주며
긍정적인 마음은 좋은 것을 끌어당기는 힘이 됩니다.
매일 감사함으로 시작하고, 감사함으로 마무리하면 어떨까요?

〈감사〉 질문 ◆ ◆

Q action. "오늘 하루도 즐겁게 시작할 수 있게 해 주셔서 감사합니다."라고 외쳐 보세요.

Q action. 하루를 마무리하는 감사 일기를 써 주세요.

무너진 자존감을 회복하는 100일의 기적

Q031
독서

Date   .   .

나는 한 권의 책을 책꽂이에서 뽑아 읽었다.
그리고 그 책을 꽂아 놓았다.
그러나 나는 이미 조금 전의 내가 아니다.

- 앙드레 지드(프랑스 소설가) -

나를 돌아보기 ◆ ◆

책 좋아하나요?
읽어야 한다 생각하지만 바쁜 일상에서 시간을 내기란 쉽지 않죠.
칸트는 "즐거운 독서는 운동만큼 건강에 유익하다"고 말했습니다.

책장으로 가서 나의 선택을 기다리는 반짝반짝한 책들을 천천히 살펴봐요.
마음이 끌리는 책 한 권을 꺼내 들고 편하게 자리를 잡고 앉아요.
이때 좋아하는 차 한 잔은 필수입니다.
자, 이제 편안한 마음으로 책 속에 푹 빠져 봐요.

〈독서〉 질문 ◆ ◆

Q **action.** 커피나 좋아하는 차를 예쁜 잔에 담아 준비하고, 골라온 책 한 권과 함께 사진을 찍어 줘요. 그리고 독서를 시작합니다.

Q 책을 읽고 가장 좋았던 한 문장을 기록해요.

무너진 자존감을 회복하는 100일의 기적

Q032
슬픔

Date   .   .

우리는 1년 후면 다 잊어버릴 슬픔을 간직하느라고
무엇과도 바꿀 수 없는 소중한 시간을 버리고 있다.
소심하게 굴기에 인생은 너무나 짧다.

- 데일 카네기 -

나를 돌아보기 ◆ ◆

친구와의 감정 싸움에 힘들어하고 있나요?
회사에서 직장 상사가 괴롭히나요?

1년 전 내가 가장 고민했던 일은 무엇이었나요?
가장 걱정했던 일은 무엇이었죠?

우리는 1년, 아니 일주일만 지나도 희미해지는 일들에
너무 많은 에너지를 빼앗기고 있습니다.

지금의 슬픔이 영원할 것 같은가요?
지금의 고통이 끝나지 않을 것 같은가요?

'시간이 약이다'라는 말처럼 시간은 모든 것을 희미하게 만들어 줍니다.
모든 것은 흘러갑니다

〈슬픔〉 질문 ◆ ◆

Q 1년 전 나를 슬프게 했던 일은 무엇인가요? 기억하나요? 그 일은 지금 어떻게 되었나요?

Q 시간이 흘러 슬픔이 사라졌던 경험이 있나요?

무너진 자존감을 회복하는 100일의 기적

Q033
해결

Date   .   .

내일 일을 훌륭하게 완수하기 위한 최선의 준비는
오늘 일을 훌륭하게 완수하는 것이다.

- 앨버트 허버드(미국의 저술가) -

나를 돌아보기 ◆ ◆

자신도 모르게 자꾸만 미루는 일이 있나요?
치과 가기, 세탁소에 세탁물 맡기기, 옷장 정리하기 등등.

해야 하는 일을 미루면
그 일이 머릿속에 잔상처럼 계속 남아 있고,
자신도 모르게 에너지가 소모됩니다.

해야 하는 일이 무엇인지 정확히 파악한 후 그 일이 얼마나 중요한지,
또는 얼마나 간단한 일인지 솔직히 대면해 봅니다.
생각보다 쉽게 끝낼 수 있는 일일지도 모릅니다.

〈해결〉 질문 ◆ ◆

Q 내가 미루고 있는 일들을 모두 적어 봐요.

Q action. 그중 오늘 해결할 수 있는 일 한 가지를 골라 해결합니다. 어떤 일을 해결했나요?

> 무너진 자존감을 회복하는 100일의 기적

Q034
음식

Date . .

불현듯 칼로리가 뇌리를 스치는 일이 없지는 않다.
하지만 나는 이내 그 나약한 생각을 떨쳐 낸다.
이렇게 호사스럽고, 이렇게 나를 행복하게 하는 버터는
내 몸 안에서 뼈를 반짝반짝 빛나게 할 것이라고 생각한다.

(중략)

언젠가 내가 죽으면 화장터 사람들이 뼈를 보고는 놀라리라.
튼튼하고 하얗고 반짝반짝 빛날 테니까.
"호사스러운 분이었군요."
화장터 사람이 그렇게 말할지도 모르겠다.
행복한 먹거리란 아마도 그런 것이리라."

-에쿠니 가오리, 〔우는 어른〕 中 -

나를 돌아보기 ◆ ◆

음식을 먹을 때마다
"살찔 텐데, 칼로리가 얼마더라" 하면서 걱정하지는 않나요?

내가 정말 좋아하는 음식을 먹을 때
고민하고 걱정하기보다는 맛있게 먹는 것 또한
삶을 풍요롭게 하는 하나의 방법입니다.

먹을 때마다 나를 행복하게 만드는 음식은 무엇인가요?
기분이 울적한 날 먹고 싶은 음식은 무엇인가요?
오늘 하루 맛있는 음식으로 나를 행복하게 해 주면 어떨까요?

〈음식〉 질문 ◆ ◆

Q 먹을 때마다 나를 행복하게 만드는 음식은 무엇인가요? 왜 그 음식을 좋아하나요?

Q **action.** 오늘 가장 행복하고 편안한 마음으로 음식을 먹어 보세요. 그리고 예쁘게 사진을 찍어 줍니다.

무너진 자존감을 회복하는 100일의 기적

Q035
반성

Date . .

상추를 심었는데 잘 자라지 않는다고 해서
상추를 비난하지는 않는다.
당신은 상추가 잘 자라지 않는
원인을 살펴볼 것이다.
비료나 물을 더 주거나
빛을 조금 가려 줄 필요가 있었을지도 모른다.

- 틱낫한 -

나를 돌아보기 ◆ ◆

내가 왜 그랬을까?
그때 취직하지 말고 대학원을 갔어야 했어.
그때 다른 회사를 선택할 걸.
내가 왜 이 사람과 결혼했지.

후회하고 있나요?
후회하는 삶은 현재가 아닌 과거에 머물게 합니다.
과거 속에서 아쉬움만 할 때,
살아보지도 못 한 현재는 어느새 과거가 되어 사라집니다.

후회가 아닌 반성을 하고, 새로운 다짐을 할 때
비로소 현재를 살아갈 수 있습니다.

〈반성〉 질문 ◆ ◆

Q 살아오면서 가장 후회되는 일이 무엇인가요?

Q action. 그 일을 후회가 아닌 반성으로 바꿔 주세요.
   1) 내가 그때 그런 선택을 했던 이유는 무엇이었나?
   2) 그 일이 후회되는 이유는 무엇인가?
   3) 그 일을 통해 배우게 된 것은 무엇인가?
   4) 앞으로 비슷한 일이 생겼을 경우 어떤 선택을 하면 좋을까?

무너진 자존감을 회복하는 100일의 기적

Q036
리더

Date   .   .

만일 당신이 배를 만들고 싶다면
사람들을 불러 모아 목재를 가져오게 하고
일을 지시하고, 일감을 나눠 주는 등의 일을 하지 말아라.
대신 그들에게 저 넓고 끝없는 바다에 대한 동경심을 키워 주어라.

- 생 텍쥐페리 -

나를 돌아보기 ◆ ◆

서울에서 부산으로 가는 방법은 다양합니다.
직접 차를 운전해 갈 수도 있고, 고속버스나 KTX, 비행기를 탈 수도 있습니다.
그런데 자신이 생각하는 방법만이 옳고 유일하다고 말하는 사람들이 있습니다.

가정에서 아버지가,
학교에서 선생님이,
직장에서 상사가,
어머니가 자식에게,
애인 관계에서도 누군가 한 명이,

"넌 그냥 조용히 나를 따라오기만 하면 돼"
라고 이야기한다면 그 관계는 오래 가기 어렵습니다.

조금 헤맬지라도 함께 가기 위한 방법을 이야기하고 소통할 때,
비로소 손잡고 함께 걸어갈 수 있습니다.

〈리더〉 질문 ◆ ◆

Q 누군가에게 "나만 믿고 따라와!"라고 말하진 않나요? 자신을 돌아보세요.

Q 다른 사람과 함께 손잡고 나아가기 위해 어떤 점을 주의해야 할까요?
ex) 내 이야기를 한 후 상대방 이야기를 꼭 경청한다.

무너진 자존감을 회복하는 100일의 기적

Q037
시선

Date   .   .

다른 사람들이 당신에 대해
어떻게 생각하는지를 걱정하는 한,
당신은 그들에게 소유된 셈입니다.
외부의 승인을 필요로 하지 않게 될 때
비로소 당신은 스스로의 주인이 될 수 있습니다.

- 닐 도날드 월쉬 -

나를 돌아보기 ◆ ◆

내가 이렇게 하면 다른 사람들이 이상하게 생각하지 않을까?
내가 이런 결정을 하면 부모님이 실망하실 텐데.
내가 이렇게 말하면 친구가 날 싫어하겠지?

다른 사람들 시선에 사로잡혀
정말 하고 싶은 일, 하고 싶은 말은 하지 못한 채 웅크리고 있진 않나요?

오프라 윈프리는 말했습니다.
"당신은 자기 자신을 제외한 다른 사람들에게 아무것도 증명할 필요가 없다."

다른 사람들 시선에서 조금만 자유로워진다면
당신 삶은 지금보다 활짝 꽃피게 될 것입니다.
남이 아닌 자신을 위해 살아가세요.

〈시선〉 질문 ◆ ◆

Q 내가 무엇인가 결정할 때 나를 제외하고 가장 크게 영향을 주는 사람은 누구인가요?
(직접적이든, 간접적이든) ex) 부모님, 배우자, 친구

Q 하고 싶었지만 다른 사람들 시선 때문에 못하고 포기한 일이 있나요?

무너진 자존감을 회복하는 100일의 기적

Q038
로망

Date . .

아, 모든 사람은 비밀이 있다.
자신이 다른 사람이라면,
또는 진정한 자신의 모습으로 산다면
삶이 얼마나 멋질지 꿈꾼다.
그리고 자신의 능력이 아직
최대한 개발되지 않았다고 느낀다.

—F. 스콧 피츠제럴드—

나를 돌아보기 ◆ ◆

어떤 로망을 가지고 있나요?

내가 한국이 아닌 다른 나라에서 태어났다면.
내가 엄청나게 돈이 많다면.
드라마 같은 남자 주인공이 남자 친구라면.
나에게 나이, 시간, 돈, 장소, 성별 등 아무런 제약이 없다면.
내가 생각한 것이 모두 이뤄질 수 있다면.

어떤 로망을 꿈꾸나요?
가슴 속 깊은 곳에 있는 그 비밀을 꺼내 볼까요?

〈로망〉질문 ◆ ◆

Q 나에게 아무런 제약이 없다면 어떤 로망을 꿈꾸나요?

Q 자신의 로망을 가만히 들여다보세요. 그 로망은 아마 현재 자신에게 충족되지 않은 그 무엇일 수 있어요. 왜 이런 로망을 꿈꾸는지 되짚어 볼까요?

무너진 자존감을 회복하는 100일의 기적
Q039
장소

Date . .

오직 나만이 아는,
나만을 위한 신성한 공간을 만들자
사는 일이 점점 성스러워졌다.
그 신성함과 경건함이
내가 만들고자 하는 영화의 창조성을 길어 올리는 원천이었다.

- 줄리아 캐머런 -

나를 돌아보기 ◆ ◆

나만의 아지트를 가지고 계신가요?

마음이 답답할 때,
기쁠 때,
심심할 때,
외로울 때,
자꾸만 가게 되는 그런 곳이 있나요?

집 앞 커피숍?
바람 좋은 공원?
우리 집 베란다?

자신만의 장소를 소개해 주세요.

〈장소〉 질문 ◆ ◆

Q 자신만의 장소를 떠올려 보세요. 어디인가요? 왜 그곳이 좋은가요?

Q action. 오늘 그 장소에서 나만의 시간을 가져 보세요.

무너진 자존감을 회복하는 100일의 기적

Q040
나이

Date   .   .

스무 살 얼굴은 자연의 선물이고
쉰 살의 얼굴은 당신의 공적이다.

- 코코 샤넬(패션 디자이너) -

나를 돌아보기 ◆ ◆

"나이가 어떻게 되시나요?"
누군가 나이를 물어보면 당황하거나 어물거리게 되나요?
내 나이가 벌써 이렇게 되었나 슬픈 마음이 드나요?

스페인에서는 나이를 말할 때 동사로 tener(가지다. 소유하다)를 쓴다고 합니다.
'나는 50세다'가 아니라
'나는 50년을 가졌다'라고 쓰는 것이지요.
50년이 내 것이다.
나이를 재산으로 보는 거죠.

재산이 얼마나 되나요?
자신의 나이를 사랑해 주세요.

〈나이〉 질문 ◆ ◆

Q **action.** 내 얼굴에 있는 주름까지 잘 보이도록 사진을 찍어 주세요. 내 나이를 사랑한다고 말해 주세요.

Q 어떤 사람으로 나이 들어 가고 싶나요?

무너진 자존감을 회복하는 100일의 기적

Q041
멈춤

Date   .   .

현대 사회는 우리에게 더 빨리 보고,
더 빨리 배우고,
더 빨리 행동에 옮겨,
더 빨리 목표를 쟁취하라고 가르친다.
그런데 문제는 빠름으로 달려가면 갈수록
우리의 삶이 여유로워지기는커녕
더 빨리 달리라고 채찍질 당한다는 데 있다.
그런 악순환에 빠지면 삶은 각박해지고
일상은 죽지 못해 사는 비참한 상태에 빠진다.

- 피에르 쌍소 -

나를 돌아보기 ◆ ◆

좋은 대학 입학, 졸업
대기업 취직, 승진
좋은 사람과 결혼, 출산

세상 사람들이 골인 지점이라고 정해 놓은 트랙 위를
아무 생각 없이 달리고 있진 않나요?
잠시 멈춰 서서 생각해 봐요.

내가 왜 이 대학을 들어왔지?
내가 이 회사에서 무엇을 하고 있지?
나는 우리 가족과 행복하게 지내고 있나?
내가 왜 열심히 달리고 있는 거지?

생각하지 않으면 사는 대로 생각하게 됩니다.

〈멈춤〉 질문 ◆ ◆

Q 당신은 지금 어느 길 위에서 달리고 있습니까? 왜 달리고 있나요?

　　ex) 나는 지금 매일 회사 일을 하는 트랙 위를 달리고 있다. 사실 이 분야에서 전문가로 인정받고 싶어서 이
　　　　회사에 입사했다.

Q **action.** 오늘 하루 길 위를 벗어나 잠시 멈춰 봅시다. 내가 진정 달리고 싶었던 곳은 어디인
지, 어느 곳을 향해 달리고 싶은지 생각하고 기록해 주세요.

무너진 자존감을 회복하는 100일의 기적

Q042
질투

Date   .   .

우리는 남을 부러워하는 데
인생의 4분의 3을 쓰고 있지는 않은가?

- 쇼펜하우어 -

나를 돌아보기 ◆ ◆

사촌이 땅을 사면 배가 아프고,
친구가 나보다 좋은 조건을 갖춘 배우자와 결혼하면.
내 동료가 나보다 먼저 승진하면.
내 친구가 더 좋은 곳에 취직하면.
질투는 피할 수 없는 인간의 본성입니다.

다만 이 질투를 어떻게 받아들이느냐에 따라
성장할 수도, 질투만 한 채로 남아 있을 수도 있습니다.
당신은 어떤 질투를 하고 있나요?

〈질투〉 질문 ◆ ◆

Q 현재 제일 질투 나는 (부러운) 사람이 누구인가요?

ex) 부잣집 남자와 결혼했는데 남편도 자상하고 시댁 식구도 너무 좋은 친구.
나보다 공부도 못했는데 훨씬 좋은 곳에 취직해서 잘 나가는 친구. 등등

Q 나를 성장시키는 질투로 바꾸기 위해 어떻게 하면 좋을까요?

무너진 자존감을 회복하는 100일의 기적

Q043
오감

Date   .   .

그들은 내 눈을 앗아갔지만 나는 밀턴의 천국을 기억합니다.
그들은 내 귀를 앗아갔지만 베토벤이 찾아와
내 눈의 눈물을 닦아 주었습니다.
내 혀도 앗아갔지만 나는 어렸을 적 하느님에게 감사드렸습니다.
그분은 그들이 내 영혼을 앗아가는 것은 허락하지 않으셨습니다.
그리고 나는 내 영혼을 잃지 않았기에
그 모든 것을 가진 것이나 마찬가지입니다.

- 헬렌 켈러 -

나를 돌아보기 ◆ ◆

이어폰으로 귀를 막고, 스마트폰으로 눈을 가린 채
아무 의식 없이 발길이 이끄는 대로 움직이고 있진 않나요?

이어폰을 빼고, 스마트폰을 집어넣고,
고개를 들어 천천히 걸어 보세요.

인도 옆에 자란 작은 들풀을 바라보고,
바람 소리를 듣고, 피부로 느껴 보세요.
하늘을 바라보세요.
아이들의 재잘거리는 소리를 들어 보세요.
세상이 다르게 느껴질 거예요.

<오감> 질문 ◆ ◆

🅠 **action.** 오늘 하루 모든 순간에서 오감을 곤두세워 보세요. 늘 보던 것들을 특별하게 느껴 보세요. 일상이 갑자기 새롭게 느껴진다면 그 순간을 잡아 기록해 주세요. 사진, 글 무엇이든 좋습니다.

무너진 자존감을 회복하는 100일의 기적

Q044
창문

Date   .   .

어린아이였을 때는 어른이 되면
쉽게 상처받지 않을 거라고 생각했다.
그러나 어른이 된다는 것은
자신이 상처받기 쉬운 존재라는 것을 받아들이는 일이다.
살아있다면 수시로 상처받을 수밖에 없다.

- 매들렌 렝글 -

나를 돌아보기 ◆ ◆

창문을 열어 놓으면 먼지나 벌레 등 나쁜 것들이 들어올까 걱정합니다.
한 겨울에는 칼바람이 두렵지요.
그래서 문을 꼭꼭 닫아 두는 경우가 있습니다.

하지만 너무 오랫동안 창문을 닫아 두면 안에 갇혀 있는 공기들이 탁해집니다.
우리에게 필요한 산소는 다 떨어지고, 이산화탄소만 가득 차기 때문이지요.
그러다 보면 머리도 아파 오고, 가슴도 답답해지고요.

창문을 활짝 열어 주세요.
나쁜 것들이 들어올 수도 있지만 우리에게 꼭 필요한 산소도 들어온답니다.
내 마음의 창문도 함께 여는 것 잊지 마세요.

〈창문〉 질문 ◆ ◆

Q 인간관계에 있어서 창문을 열어 두는 편인가요? 닫아 두는 편인가요? 아니면 아예 창문이 없나요? 커다란 문이 있나요? 자신의 창문에 대해 얘기해 주세요.

Q action. 오늘 하루 마음의 창문을 활짝 열어 주세요. 그리고 누군가에게 먼저 다가가 보세요. 상처 받을까 두려워하지 마세요.

무너진 자존감을 회복하는 100일의 기적

Q045
신뢰

Date   .   .

삶에서 우리가 꼭 붙들고 놓지 말아야 하는
가장 소중한 것은
우리 서로다.

- 오드리 헵번 -

나를 돌아보기 ◆ ◆

세상 모든 일은 결국 인간관계에서 이루어집니다.
직장에서의 업무도 사람과 사람 사이에서 이루어지며
가정에서의 삶도 사람과 사람 사이에서 채워집니다.
사람 간의 신뢰가 두터우면 모든 상황이 편안해집니다.

업무에서 일이 어그러져도
'저 사람이라면 다시 잘 해낼 거야'라고 믿을 수 있습니다.
가정에서 문제가 생겨도
'저 사람이 그럴만한 이유가 있었을 거야'라고 이해할 수 있습니다.

나는 주변에 얼마나 신뢰를 주는 사람인가요?
내 주변에 신뢰할 만한 사람은 얼마나 있나요?

〈신뢰〉 질문 ◆ ◆

Q 나는 주변에 얼마나 신뢰를 주는 사람인가요? 업무에서, 가정에서, 그 외에 분야별로 나누어서 스스로 점수를 주세요. (100점 만점)

Q action. 나의 신뢰 점수를 높이기 위해서는 어떻게 해야 할까요? 실천할 수 있는 방법을 찾아보세요.

무너진 자존감을 회복하는 100일의 기적

Q046
성취

Date   .   .

그냥 바쁜 것으로는 부족하다.
개미들도 바쁘다.
문제는 어떤 일로 바쁘냐이다.

- 헨리 데이비드 소로 -

나를 돌아보기 ◆ ◆

지금 몇 살인가요?
나이에서 딱 3년을 빼 보세요.
묻겠습니다.

"3년 동안 당신이 가장 자랑할 만한 성취는 무엇입니까?"
아무것도 떠오르지 않나요?

3년 간 열심히 일하고, 책을 읽고, 노력한 것 같은데.
내가 이룬 성취를 떠올려 보면 고개를 갸우뚱하게 되나요?

내가 보낸 하루하루가 모여서 무엇을 만들어 내고 있는지 잘 살펴봐야 합니다.
열심히 오른쪽으로 10발자국, 왼쪽으로 10발자국 움직인다면
결국 제자리일 뿐입니다.

<성취> 질문 ◆ ◆

Q 지난 3년 간 가장 자랑할 만한 성취는 무엇인가요?

Q **action.** 3년 후 당신이 가장 자랑할 만한 성취를 정해 보세요. 그것을 성취하기 위해 오늘 해야 할 일을 찾아 실천해 주세요.

무너진 자존감을 회복하는 100일의 기적

Q047
하늘

Date   .   .

우리가 자연과 하나가 될 때,
우리는 이를 통해 무한한 자신의 세계를 발견하게 된다.

-캐슬린 레인-

나를 돌아보기 ◆ ◆

하늘을 올려다본 것이 언제쯤인가요?
어제? 오늘? 일주일 전?
하늘 한 번 바라볼 여유도 없이 바쁘게 지내고 있나요?

우리의 하루하루가 매일 똑같은 일상의 반복 같지만
그 안을 자세히 들여다보면 모두 다른 하루입니다.
하늘 역시 매일 똑같아 보이지만 모두 다른 모습입니다.
지금 이 순간 하늘은 평생 다시 오지 않습니다.

잠시만 고개를 들고 하늘을 바라볼까요?
지금 당신이 있는 그곳의 하늘은 어떤 모습인가요?

〈하늘〉 질문 ◆ ◆

Q action. 지금 여러분이 있는 그곳, 그 순간의 하늘을 사진으로 남겨 주세요.

무너진 자존감을 회복하는 100일의 기적

Q048
친구

Date   .   .

사람들은 누구나
친구의 품 안에서 휴식을 구하고 있다.
그곳에서라면 우리들은 가슴을 열고
마음껏 슬픔을 털어놓을 수 있기 때문이다.

- 괴테 -

나를 돌아보기 ◆ ◆

아프고 힘들 때, 세상에서 상처 입었을 때,
어깨를 다독여 주는 친구의 한 마디는 큰 위로가 됩니다.

"어머! 어떻게 그럴 수 있니?! 진짜 너무 했다!"
같이 화를 내 주고, 함께 억울해해 주면 어느새 슬며시 웃음이 납니다.
이미 상처는 덮여 희미해지지요.
아픔과 상처는 함께 나눠 가질 때 증발되어 사라집니다.

이런 사람이 곁에 있나요?
나는 곁에 있는 사람에게 그런 사람인가요?

<친구> 질문 ◆ ◆

Q 내가 아프고 힘들었을 때 친구의 품 안에서 치유되었던 경험이 있나요?

Q 주변 사람들은 힘들고 아플 때 나에게 연락을 하나요? 그들을 따뜻하게 안아 주기 위한 방법을 생각해 봅시다.

무너진 자존감을 회복하는 100일의 기적
Q049
실패

Date   .   .

실패는 견디기 힘든 고통이지만
삶에 있어서 단 한 번도 성공을 위해 노력한 적이 없는 것은
더욱더 견디기 힘든 일이다.
인생에 있어서 노력하지 않고 얻을 수 있는 것은 아무것도 없다.

- 시어도어 루스벨트 -

나를 돌아보기 ◆ ◆

실패해 본 적 있나요?
실패란 도전했기 때문에 생기는 일입니다.
아무 도전도 하지 않는다면 실패도 하지 않지만 성장하지도 않습니다.
실패는 성장해 가는 한 과정일 뿐입니다.
실패가 두려워 웅크리고만 있진 않나요?

데일 카네기는 말했습니다.
"성공하는 사람은 실수에서 배우고 다른 방법으로 다시 시도한다."

〈실패〉 질문 ◆ ◆

Q 실패해 본 적 있나요? 어떤 실패였나요?

Q 그 실패로부터 무엇을 배웠나요?

무너진 자존감을 회복하는 100일의 기적

Q050
지속

Date   .   .

뜨거운 열정보다 중요한 것은
지속적인 열정이다.

-마크 저커버그-

나를 돌아보기 ♦♦

벌써 50번째 질문입니다.
시작할 때 다짐을 잘 지키고 있나요?
여전히 충실하게 질문을 고민하고 솔직하게 대답하고 있나요?
100일 후 무너진 자존감을 회복하게 될까요?

처음에 큰 열정을 가지고 시작했던 일도
시간이 흐르면서 점점 열정이 식고 결국은 희미해져버립니다.
꾸준한 행동만큼 어려운 것이 없지요.

오늘부터 다시 처음 마음으로 시작해 볼까요?!

〈지속〉 질문 ♦♦

Q action. 첫 번째 질문. 〈시작〉에 썼던 What, Why, How를 다시 읽어 보세요. 어떤 마음이 드나요? 지금 드는 생각을 솔직하게 기록해 주세요.

Q 현재까지 나에게 가장 많은 영향을 준 질문은 무엇이었나요? 어떤 영향을 주었나요?

무너진 자존감을 회복하는 100일의 기적
Q051
동물

Date   .   .

인간의 가장 좋은 동반자는
발을 넷 가진 존재들이다.

-콜레트-

나를 돌아보기 ◆ ◆

당신은 어떤 사람인가요?
당신을 동물로 표현해 볼까요?

사랑스러운 강아지?
도도한 고양이?
자유로운 새?
아니면 게으름뱅이 나무늘보?

당신의 모습을 찬찬히 들여다보세요.
당신의 모습을 친숙한 동물에 빗대어 표현해 봐요.

〈동물〉질문 ◆ ◆

Q 당신을 가장 잘 표현하는 동물은 무엇인가요? 이유와 함께 이야기해 주세요.

Q action. 다른 사람들은 당신을 보고 어떤 동물을 떠올릴까요? 주변 사람에게 물어보세요.

무너진 자존감을 회복하는 100일의 기적

Q052
미움

Date . .

다른 사람을 미워하는 것은
단지 그의 모습을 빌려서 자신 속에 있는 무엇인가를 미워하는 것이다.
자신 속에 없는 것에는 절대로 흥분하는 일이 없다.

- 헤르만 헤세 -

나를 돌아보기 ◆ ◆

어떤 사람을 좋아하나요?
어떤 사람을 싫어하나요?
사람마다 각자 취향이 있습니다.

그런데 혹시 알고 있나요?
자신이 싫어하는 사람을 가만히 들여다보면 자신과 무척 닮아 있는 것을요.
자신이 싫어하는 내 모습을 상대에게서 발견했을 때
그 사람을 더욱 싫어하게 된다고 합니다.

어떤 사람을 싫어하나요?
이 질문은 결국 자신의 어떤 면을 싫어하는지를 묻는
다른 방법입니다.

〈미움〉 질문 ◆ ◆

Q 당신이 싫어했던 사람이 있나요? 어떤 점 때문에 그 사람을 싫어했나요?

Q 그 사람의 모습에서 자신과 겹쳐지는 부분이 있나요?

무너진 자존감을 회복하는 100일의 기적

Q053
결점

Date   .   .

결점이란 인간 자체의 영혼 속에 이미 내재하고 있다.
제 아무리 완벽한 사람이라 할지라도,
결점이 없는 사람은 없다.
자신의 결점을 깨닫고 고치려고 노력한다면,
그것은 자신의 장점을 더욱 빛내 주고, 인격을 함양하는 좋은 기회다.

- 발타자르 그라시안 -

나를 돌아보기 ◆ ◆

자신의 결점은 무엇이라고 생각하나요?
게으름? 이기주의? 낭비 습관?

어린 시절에는 제가 가진 결점이 너무 커 보였습니다.
그래서 저를 싫어하기도 했습니다.
다른 사람의 성격을 부러워하기도 했지요.

하지만 시간이 지나면서 결점 없는 사람은 없다는 것.
결점이 있음에도 나는 사랑받을 자격이 있다는 것을 알게 되었습니다.
결점이 있는 그 모습 그대로 나를 사랑해 주세요.
결점이 있다는 것을 알고 고치기 위해 노력하는 나를 칭찬해 주세요.

〈결점〉 질문 ◆ ◆

Q 내가 생각하는 나의 결점은 무엇인가요?

Q **action.** 그 결점을 고치기 위한 작은 행동을 생각해 주세요. 그리고 오늘 실천해 주세요.

무너진 자존감을 회복하는 100일의 기적

Q054

책

Date . .

잡서의 난독은
일시적으로는 다소 이익을 가져다 줄지 모르지만,
궁극적으로는 시간과 정력의 낭비로 돌아간다.

-E.S. 마틴-

나를 돌아보기 ♦ ♦

하루에도 몇 백 권씩 쏟아져 나오는 신간들.
서점에 가면 가득 꽂혀 있는 책들.
대체 어떤 책이 좋은 책일까요?
내 인생에 좋은 영향력을 줄 수 있는 책은 무엇일까요?
좋은 책을 고르려면 어떻게 해야 할까요?

나보다 조금 더 책을 많이 읽는 주변 사람에게 추천을 받으면 좋습니다.
너무 어렵지 않고 내 수준에 맞는 책을 추천해 줄 가능성이 크기 때문이지요.
그렇다면 오늘 다른 사람을 위해 내가 책을 추천해 주면 어떨까요?

〈책〉 질문 ♦ ♦

Q action. 자신의 인생 책 한 권을 소개해 주세요. 어떤 책인가요? 왜 인생 책이 되었나요?

무너진 자존감을 회복하는 100일의 기적

Q055
기회

Date   .   .

사람이 인생에서 가장 후회하는 어리석은 행동은
기회가 있을 때 저지르지 않은 행동이다.

- 헬렌 롤랜드 -

나를 돌아보기 ◆ ◆

사람들이 쉽게 알아보지 못하게 앞머리는 무성하고,
다시 붙잡지 못하게 뒷머리는 대머리입니다.
발에 날개가 달려 최대한 빨리 눈앞에서 사라질 수 있으며
손에 저울을 들어 정확하게 판단을 내릴 것을 촉구합니다.
또한 날카로운 칼은 칼같이 결단하라는 의미입니다.
저는 누구일까요?

바로 제우스의 아들 카이로스입니다.
기회의 신이자 시간의 신이지요.

카이로스.
붙잡으셨나요? 아니면 놓치셨나요?
놓쳤다는 것도 모르고 있는 건 아닌가요?

<기회> 질문 ◆ ◆

❶ 기회를 놓쳐서 후회했던 적이 있나요?

❶ 기회를 붙잡아서 성장했던 적이 있나요?

Q056
짝사랑
Date   .   .

사랑에 빠지는 일은 위험한 일이다.
사랑에 빠진다는 것은 곧 자기 자신을 변화시키고,
수많은 어려움과 직면함을 의미한다.
살아 있는 사람과 상호 교류한다는 것은
알려지지 않은 세계로 가는 것이다.
다음 순간에 무슨 일이 일어날지 아무도 모른다.

- 오쇼 라즈니쉬 -

나를 돌아보기 ◆ ◆

짝사랑 해 본 적 있나요?
짝사랑을 하게 되면 강렬한 열정이 생깁니다.
그 사람을 보기 위해 하루 종일 기다리게 되고,
그 사람을 위해 무슨 일이든 할 수 있게 됩니다.
작은 일에도 행복하고, 사소한 일에도 고통이 찾아옵니다.
온몸의 안테나가 그 사람을 향하게 됩니다.
모든 것을 다 걸게 됩니다.

삶이 온통 그 사람으로 가득 차는 짝사랑.
한번 해 보실래요?!

<짝사랑> 질문 ◆ ◆

Q 무엇인가에 열렬히 빠져 있던 적이 있나요? 무엇이었나요?
　　(짝사랑의 대상은 사람, 사물, 감정, 일, 가치 등 범위를 넓게 생각해 주세요.)

Q 열렬히 빠져 있던 그때, 내 삶은 어떤 모습이었나요?

Q057
두려움

Date . .

무너진 자존감을 회복하는 100일의 기적

우리 삶의 포인트는 '두려움'입니다.
우리는 탁월한 작품을 두려움 없이 창작할 수 없습니다.
오히려 위대한 작품 뒤에는 항상 두려움이 있다고 할 수 있습니다.
당신은 두려움과 함께 춤을 추어야 합니다.
두려움은 우리가 예술을 해나가는 과정의 일부분이 되어야 합니다.
두려움이 없는 건 무서울 게 없는 상태가 되는 겁니다.
두려움이 없는 상태는 어리석음이나 마찬가지입니다.
그러니 우리는 두려움을 없애는 법을 궁리할 것이 아니라,
두려움과 친구가 되는 법을 고민해야 합니다.

- 세스 고딘 -

나를 돌아보기 ◆ ◆

무엇을 가장 두려워하나요?
혼자가 되는 것? 회사에서 잘리는 것? 병드는 것?

두려움이 하나도 없어도, 너무 많아도
문제가 될 수 있습니다.
두려움은 싫든 좋든 우리 삶에 늘 함께하는 것입니다.
함께해야만 한다면 적보다는 친구가 되는 것이 좋겠지요?

자신의 마음을 천천히 들여다보세요.
무엇을 두려워하고 있나요? 그것과 친구가 될 순 없나요?

〈두려움〉 질문 ◆ ◆

Q 당신은 무엇을 가장 두려워하나요? 이유와 함께 이야기해 주세요.

Q action. 그 두려움과 친구가 되려면 어떻게 해야 할까요? 자신만의 방법을 찾아보세요.

무너진 자존감을 회복하는 100일의 기적

Q058
아침

Date   .   .

매일 아침 눈뜨며 생각하자.
'오늘 아침 일어날 수 있으니 이 얼마나 행운인가.'
나는 살아 있고, 소중한 인생을 가졌으니 낭비하지 않을 것이다.
나는 스스로를 발전시키고,
타인에게 나의 마음을 확장시켜 나가기 위해
모든 기운을 쏟을 것이다.
내 힘이 닿는 데까지 타인을 이롭게 할 것이다.

- 달라이 라마 -

나를 돌아보기 ◆ ◆

'알람이 울린다. 벌써 아침이라니. 믿을 수 없다.
10분만 더 자면 얼마나 좋을까. 오늘이 주말이라면.
더 이상 꾸물거리면 안 되는 한계 시간이 되어서야 겨우 몸을 일으킨다.
정신없이 준비하고 아침을 먹는 둥 마는 둥 뛰어나간다.
늦게 출발해서인지 차가 막힌다.
지각할까 불안해 계속 시계를 들여다본다. 마음이 초조하다.
겨우 지각을 면하고 회사에 들어왔지만 한숨부터 나온다. 언제 퇴근하지.'

혹시 당신의 아침과 비슷하진 않나요?
아침은 하루를 결정하는 열쇠와 같습니다.
아침을 긍정적이고 의욕적으로 시작하면 남은 하루도 따라가게 되지요.
당신의 아침을 멋지게 바꿔 보면 어떨까요?

〈아침〉 질문 ◆ ◆

Q 오늘 당신의 아침은 어땠나요? 아침 풍경을 묘사해 주세요.

Q 어떤 아침을 맞이하고 싶은가요? 내일 아침 실천으로 옮겨 주세요.

무너진 자존감을 회복하는 100일의 기적

Q059
긍정

Date   .   .

오랫동안 당신 자신을 비난해 왔지만
아무 소용 없지 않았나?
이제 자신을 인정해 보라.
그리고 어떤 일이 일어나는지 보라.

-루이즈 L. 헤이-

나를 돌아보기 ◆ ◆

이번 달 목표는 100이었는데 60밖에 못한 자신을 탓하고 있나요?
나는 왜 이것 밖에 못하지?
자신을 한심하게 여기며 몰아세우고 있진 않나요?

생각을 바꿔 보세요. 당신은 60이라는 일을 해냈습니다.
얼마나 대단한 일인가요?

물이 반 담긴 컵을 바라보며 '물이 반밖에 없어'가 아니라
'물이 반이나 있네. 이 물로 무엇을 할까?'를 생각하는 것이
삶을 즐겁게 만들 뿐 아니라 성과도 높일 수 있습니다.

<긍정> 질문 ◆ ◆

Q 내가 지금까지 살아오며 이룬 모든 성과를 기록해 주세요. 사소한 것도 좋습니다.

Q action. 수고했다. 잘했다. 스스로를 칭찬해 주세요. 자신이 해낸 일에 집중하며 그 성과에 감사하는 마음을 가져 보세요.

무너진 자존감을 회복하는 100일의 기적

Q060
만남

Date   .   .

세상을 보는 데는 두 가지 방법이 있다.
한 가지는 모든 만남을 우연으로 보는 것이고,
다른 한 가지는 모든 만남을 기적으로 보는 것이다.

-아인슈타인-

나를 돌아보기 ◆ ◆

우리는 매일 다양한 만남을 통해 관계를 맺으며 살아갑니다.
이러한 만남은 사람일 수도 있고, 장소일 수도, 음악일 수도 있습니다.
식물일 수도, 날씨일 수도, 음식일 수도 있지요.

나를 잡아끄는 매력을 보여 준 어떤 사람.
내 시선을 확 사로잡은 어떤 장소.
내 귀를 마비시킨 어떤 음악.

오늘은 또 어떤 만남이 우리를 기다리고 있을까요?
나는 누군가에게 늘 기다려지는 만남이 되고 있을까요?

〈만남〉 질문 ◆ ◆

Q 오늘 나를 가장 사로잡았던 만남은 무엇이었나요?

Q061
문장

Date   .   .

새로운 목표를 세우거나
새로운 꿈을 꾸는 데 있어서
나이는 절대로 중요하지 않다.

- C.S. 루이스 -

나를 돌아보기 ◆ ◆

책을 읽다 보면 좋은 문장들이 쏟아집니다.
나를 어루만져 주는 문장도 있고,
내 아픈 부분을 쿡 찌르는 문장,
몰랐던 것을 깨닫게 해 주는 문장,
잊지 말라며 나를 일깨우는 문장도 있습니다.

오늘 하루 문장들 틈에서 놀아 보면 어떨까요?
책 속에 있는 문장을 끄집어내
내 손으로 다시 한 번 생명을 불어넣어 줍니다.

〈문장〉 질문 ◆ ◆

Q action. 나에게 의미 있는 문장을 손으로 직접 필사해 보세요. 한 글자 한 글자 생명을 불어 넣어 주세요.

Q 이 문장은 어떤 의미가 있나요? 왜 이 문장을 선택했나요?

무너진 자존감을 회복하는 100일의 기적

Q062
유죄

Date   .   .

그리고 당신,
저는 당신을 인간으로서의 의무를 다하지 않았다는 이유로 고발합니다.
이 죽음의 이름으로,
사랑을 스쳐 지나가게 한 죄,
행복해야 할 의무를 소홀히한 죄,
핑계와 편법과 체념으로 살아온 죄로
당신을 고발합니다.

당신에게는 사형을 선고해야 마땅하지만,
고독형을 선고합니다.

— 프랑수아즈 사강, 〔브람스를 좋아하세요〕 中 —

나를 돌아보기 ◆ ◆

내 곁에 온 사람들의 사랑을 스쳐 지나가게 하진 않았나요?
나 스스로 행복해야 할 의무를 소홀히 하지 않았나요?

핑계만 늘어놓으며,
작은 편법이니 괜찮다고 속이며,
여러 가지 이유를 들며,
시작도 하지 않고 체념하며 그렇게 살아오진 않았나요?

내 삶에 최선을 다해 살고 있는지
내 삶이 참다못해 나를 고발하지 않도록
한번 돌아봐야 할 때입니다.

〈유죄〉 질문 ◆ ◆

Q 당신의 죄목은 무엇인가요? 스스로의 죄목을 적어 보세요.

Q **action.** 이 죄목을 반대로 바꿔 나만의 선언문을 만들어 주세요.
ex) 행복해야 할 의무를 소홀히 한 죄 → 앞으로 나 스스로의 행복을 위한 의무를 소홀히 하지 않겠습니다.

무너진 자존감을 회복하는 100일의 기적

Q063
설득

Date   .   .

내 안에는 하늘로 날아오르고 싶은 독수리가 한 마리 있고
진창에서 뒹굴고 싶은 하마도 한 마리 있다.

-칼 샌드버그-

나를 돌아보기 ◆ ◆

운동을 하기로 했지만 아늑한 쇼파가 나를 부르고,
책을 읽으려 했지만 재미있는 TV가 유혹합니다.

사람은 누구든 편한 것을 좋아합니다.
하지만 성장하기 위해서는 편한 상태에서 벗어나야 합니다.
이때 큰 힘이 되는 건 바로 '설득'입니다.
설득으로 스스로에게 힘을 실어 주세요.
쉽고 빠른 방법은 없습니다.
나를 성장시키고 싶다면 노력해야 합니다.

⟨설득⟩ 질문 ◆ ◆

Q action. 나만의 '설득' 주문을 만들어 봅시다. 그리고 3번만 외쳐 봅시다.
　　ex) 쉬운 선택이 아닌 옳은 선택을 하자!!

무너진 자존감을 회복하는 100일의 기적

Q064
취미

Date   .   .

우리가 즐겁게 했던 일들은
그냥 사라져 없어지지 않는다.
우리가 깊이 사랑하는 것은
모두 우리의 일부가 된다.

- 헬렌 켈러 -

나를 돌아보기 ◆ ◆

취미가 있나요?
어떤 분들은 먹고살기도 힘든데 취미 생활할 여유가 어디 있냐고 반문합니다.
하지만 취미 생활은 살기 힘들수록 꼭 필요합니다.
취미 활동은 단순히 시간 낭비, 돈 낭비가 아닙니다.

내가 정말 좋아하는 일에 몰입하는 시간을 통해
내 안에 숨어 있던 창조력이 생겨나고
삶과 일에서도 더욱 에너지가 샘솟게 만들어 줍니다.
그리고 무엇보다 삶이 즐거워집니다.

<취미> 질문 ◆ ◆

Q 현재 취미가 있나요? 어떤 취미 활동인가요?

Q 한 번 해 보고 싶은 취미 활동이 있나요?

Q action. 하고 싶은 취미에 대한 정보를 수집해 봅시다.
ex) 동호회 검색하기, 필요한 기구의 가격 알아보기 등등

무너진 자존감을 회복하는 100일의 기적

Q065
나눔

Date   .   .

만약 내가 누군가의 아픔을 쓰다듬어 줄 수 있다면,
혹은 고통 하나를 가라앉힐 수 있다면,
혹은 기진맥진 지친 한 마리 울새를
둥지로 되돌아가게 할 수 있다면,
나 헛되이 사는 것은 아니리.

-에밀리 디킨스-

나를 돌아보기 ◆ ◆

저마다 자신만의 능력이 있습니다.
하지만 사람들은 대부분 그것을 너무 하찮게 여깁니다.
당신이 하찮게 여기면 그것은 정말 하찮은 능력이 되어버립니다.
당신이 소중하게 생각한다면 그것은 정말 소중한 능력이 됩니다.
그리고 이 소중한 능력을 다른 사람에게 나눌 때 더욱 빛나게 됩니다.

"우리는 남에게 얻는 것으로 생계를 꾸리고, 남에게 주는 것으로 삶을 만들어 간다."
윈스터 처칠이 한 말입니다.

혹시 헛된 인생을 살고 있진 않나요?
당신의 능력을 사람들에게 나누어 보면 어떨까요?

〈나눔〉 질문 ◆ ◆

Q. 당신이 가진 것은 무엇입니까? 아주 작은 것도 괜찮습니다.

Q. action. 그것을 다른 사람에게 어떻게 나눌 수 있을까요? 나눌 수 있는 방법을 생각해 보세요. 그리고 나눠 주세요.

무너진 자존감을 회복하는 100일의 기적

Q066
시간

Date . .

모든 인간은 날마다 동일한 시간을 할당받는다.
부자라고 시간을 더 많이 사들여 다른 날 쓸 수 있는 것은 아니다.
성공은 우선순위를 정하고 계획함으로써
시간을 현명하게 사용하는 데에 달려 있다.
사실 시간은 돈보다 더 많은 가치가 있고,
시간을 죽이는 것은 성공 기회를 죽이는 것이다.

-데니스 웨이틀리-

나를 돌아보기 ◆ ◆

모든 사람은 매일 24시간이라는 동일한 시간을 부여받습니다.
하지만 그 24시간이 모두에게 똑같은 가치를 갖지는 않습니다.

어떤 1초는 1억 원의 가치이고, 어떤 1초는 1원의 가치뿐입니다.
어떻게 사용하느냐에 따라 몇 백 억 원으로 늘릴 수도
몇 원으로 줄일 수도 있습니다.

나에게 주어진 24시간.
얼마의 가치를 가진 시간으로 사용하나요?

<시간> 질문 ◆ ◆

Q 당신에게 몇 억과 같은 가치를 주는 시간은 언제인가요?

Q action. 그러한 시간을 하루에 얼마나 쓰나요? 10분? 1시간? 단순한 추측이 아닌, 오늘 하루 의식하면서 측정해 보세요. 단 평소와 다름없는 행동을 하면서 말이에요.

무너진 자존감을 회복하는 100일의 기적
Q067
상상

Date   .   .

생생하게 상상하고 간절하게 소망하라.
진정으로 믿고 열정적으로 실천하라.
그리하면 무엇이든 이루어질 것이다.

- 폴 J. 마이어 -

나를 돌아보기 ◆ ◆

자신의 미래 모습을 최대한 생생하게 상상해 보세요.
드라마 한 장면처럼 그려진다면 좋습니다.
그 장면 안에서 당신은 어떤 표정을 짓고 있나요?
어떤 느낌을 받고 있나요?

머릿속으로 생생하게 미래 모습을 상상할 때
무의식은 그것이 마치 현재인 것처럼 착각하게 됩니다.
무의식은 당신도 모르게 그 모습이 되도록
여러 가지 행동과 아이디어를 쏟아 낼 거예요.

〈상상〉 질문 ◆ ◆

Q 자신이 되고 싶은 미래 모습을 최대한 생생하게 떠올린 후 글로 자세히 묘사해 주세요.

Q **action.** 자신이 떠올린 모습과 비슷한 사진을 인터넷이나 잡지 등에서 찾아보세요.

무너진 자존감을 회복하는 100일의 기적

Q068

벽

Date   .   .

벽은 반드시 있습니다.
그러나 그 벽을 뛰어넘으면 눈앞에
새로운 세계가 시원하게 펼쳐질 겁니다.
자신을 채찍질하며 노력하다가 힘들 때는 뒤를 돌아보세요.
지금껏 지나온 멋진 풍경에 상쾌한 기분이 들 겁니다.

- 우에무라 나오미 -

나를 돌아보기 ◆ ◆

어떤 세상에 살고 있나요?
사방이 벽으로 둘러쌓여 있진 않나요?
그 벽 안에서 작게 웅크린 채 만족하며 살진 않나요?

흙수저로 태어난 환경이 벽으로 느껴지기도 하고,
취업을 하려 하는데 영어 실력이 벽으로 작용하기도 합니다.

그런데 이 벽 너머 어떤 세상이 있을지 궁금하지 않나요?
버락 오바마는 흑인 최초로 미국 대통령이 되었으며,
에이미 존슨은 여성 최초로 비행기 조종사가 되었습니다.
이 세상 어떤 벽도 하늘 끝까지 막혀 있진 않습니다.

〈벽〉 질문 ◆ ◆

Q 현재 나의 가장 큰 벽은 무엇인가요?

Q action. 그 벽은 절대로 넘을 수 없나요? 비슷한 벽을 넘어선 인물을 찾아봅시다. 주변의 지인도 좋고, 인터넷 검색이나 책을 찾아봐도 좋습니다.

무너진 자존감을 회복하는 100일의 기적

Q069
감탄

Date   .   .

자신을 둘러싼 세상을 반짝이는 눈으로 바라보라.
위대한 비밀은 항상
절대 있을 것 같지 않은 곳에 숨어 있기 때문이다.
마법을 믿지 않는 사람은 비밀을 찾지 못할 것이다.

- 로알드 달 -

나를 돌아보기 ◆ ◆

매일 일어나서 눈뜨고, 출근하고, 일하고, 퇴근하고,
잠자리에 드는 똑같은 일상.
똑.같.다.

정말 그럴까요?
이전과 똑같은 날은 단 1초도 없습니다.
매순간 햇살은 다른 모습으로 빛나고,
바람은 제각각 다른 보드라움으로 살랑이며
하늘은 매일 다른 색깔로 우리를 마주합니다.
삶의 찬란함과 아름다움은 매 시각 자태를 뽐내는데
우리가 놓치고 있는 건 아닐까요?

〈감탄〉질문 ◆ ◆

Q **action.** 오늘 마음껏 감탄하며 하루를 보내 주세요.

Q 어떤 것들에 감탄했나요? 사소한 것일수록 좋습니다. 기록해 주세요.

무너진 자존감을 회복하는 100일의 기적

Q070
자신

Date   .   .

우리 자신이 되는 것, 우리가 할 수 있는 일을 하는 것.
이것이 삶의 유일한 목표이다.

- 스피노자 -

나를 돌아보기 ◆ ◆

나에게 맞는 옷인지 사이즈를 살펴보세요.
나보다 작은 사이즈 옷을 낑낑거리며 입고
불편하게 서 있진 않나요?
나보다 큰 사이즈 옷을 헐렁하게 걸쳐 입고
옷의 무게에 짓눌려 있진 않나요?
나에게 딱 맞는 옷으로 갈아입는다면
훨씬 편안하고 아름다운 모습이 될 것입니다.

〈자신〉 질문 ◆ ◆

🍋 현재 나에게 맞는 옷을 입었나요? 자신의 모습을 돌아보세요.

🍋 가장 편안한 상태일 때 나의 모습을 묘사해 주세요.

무너진 자존감을 회복하는 100일의 기적

Q071
음악

Date   .   .

음악은 일상의 먼지를 영혼으로부터 씻어 낸다.

- 레드 아워백 -

나를 돌아보기 ◆ ◆

음악 좋아하나요?
어떤 음악을 주로 듣나요?

유행 따라 듣고 사라지는 음악이 아닌
자신만의 추억이 담긴
들을 때마다 가슴 떨리는 음악이 있나요?

음악은 감정을 어루만져 주고,
세포가 깨어나도록 도와주는 마법 같은 주문입니다.
음악을 들으며 잠자고 있는 추억을 불러내 보면 어떨까요?

<음악> 질문 ◆ ◆

Q 요즘 들어 내 마음을 사로잡은 노래가 있나요? 어떤 노래인가요?

Q **action.** 나만의 추억이 깃든 음악을 소개해 주세요.

무너진 자존감을 회복하는 100일의 기적
Q072
이탈

Date . .

한 사람의 발에 맞는 신이
다른 사람의 발에는 꽉 끼일 수 있다.
마찬가지로 모든 경우에 들어맞는
삶의 비결 같은 것은 없다.

- 칼 구스타브 융 -

나를 돌아보기 ◆ ◆

세계적인 곤충학자인 파브르가 진행한 '쐐기벌레 실험'이 있습니다.
쐐기벌레는 앞에 가는 벌레를 졸졸 따라가는 습성이 있다고 합니다.
원으로 대형을 만들어 걷도록 하자 6일 동안 먹지도, 자지도 않고
앞에 가는 벌레를 따라가다 대부분 죽어버렸습니다.
파브르는 이 쐐기벌레가 인간을 가장 많이 닮았다고 합니다.

남들이 좋다고 하는 대학을 가기 위해 공부하고,
남들이 좋다고 하는 회사에 취직하기 위해 준비하고,
남들이 결혼해야 하는 나이라고 하니 결혼하고,
나도 모르게 쐐기벌레가 되고 있진 않나요?

대형을 먼저 벗어나 보세요.
아무도 따라오지 않으면 어떻습니까?
내가 가고 싶은 길인데.

〈이탈〉 질문 ◆ ◆

Q 남들과 다르게 사는 것을 좋아하는 편인가요? 불편해하는 편인가요?

Q action. 오늘 하루만 대형을 이탈해 보세요. 아주 작은 이탈이어도 좋습니다.
　　ex) 나는 모두가 자장면을 주문할 때, 먹고 싶었던 탕수육을 시켰다.

무너진 자존감을 회복하는 100일의 기적

Q073
웃음

Date   .   .

인간에게는 정말로 효과적인 무기가 하나 있다.
그것은 바로 웃음이다.

-마크 트웨인-

나를 돌아보기 ◆ ◆

하루에 얼마나 웃나요?
웃고 다니면 실없는 사람이라고 할까 봐 참고 있나요?
즐거운 일이 없어서 웃을 수 없다며 찡그리고 있나요?

"가장 가치 없이 보낸 날은 웃지 않고 지낸 날이다."
(세바스티엥 니콜라스 말 중에서)

즐거운 일이 없어도 자꾸만 웃다 보면 어느새 즐거워집니다.
행동에 의해 감정이 자극되는 것이지요.
오늘 하루 마주치는 모두에게 먼저 웃어 주면 어떨까요?

〈웃음〉질문 ◆ ◆

Q action. 두 시간 단위로 알람을 맞춘 후, 울릴 때마다 거울을 보고 자신의 표정을 확인합니다. 거울을 보고 환하게 웃어 주세요. 이때 꼭 이가 보여야 합니다.

Q action. 오늘 하루 마주치는 10명의 사람에게 먼저 웃어 주세요. 상대방에게서 어떤 반응이 돌아왔나요?
    ex) 항상 심각한 부장님께 먼저 웃으며 인사하자 부장님도 싱긋 웃어 주셨다.

무너진 자존감을 회복하는 100일의 기적

Q074
아버지

Date   .   .

아버지는 가족들을 위해 온몸이 부서져라 일해도
'부자 아빠'가 못 되어 큰소리치지 못하는 사람이다.
어머니의 마음은 봄가을을 오고 가지만
아버지 마음은 가을겨울을 오간다.
아버지는 어머니 앞에서는 기도도 안 하지만
혼자 차를 운전하면서 큰 소리로 기도하는 사람이다.
아버지! 뒷동산의 바위 같은 이름이다.
시골 마을의 느티나무 같은 크나큰 이름이다.

-작자미상-

나를 돌아보기 ◆ ◆

늘 묵묵히 아침부터 저녁까지 일하시고,
그렇게 우리 가족을 든든히 받쳐 주시는 분.
아버지.

어릴 때는 알지 못했습니다.
하루도 쉬지 않고 회사에서 일하시며
가족을 책임진다는 것이 얼마나 힘들고 외로운 일인지요.
하지만 이제는 알 것 같습니다.
아버지 덕분에 제가 이렇게 잘 자랄 수 있었다는 것을요.
사랑합니다. 아버지!

〈아버지〉질문 ◆ ◆

Q. 당신에게 아버지는 어떤 사람인가요?

Q. action. 오늘 아버지를 만나면 꽉 안아 주세요. 만나기 힘든 분들은 아버지에게 전화를 걸어 고맙다고 사랑한다고 마음을 표현해 보세요.

무너진 자존감을 회복하는 100일의 기적

Q075
몸

Date   .   .

충분한 건강을 갖는 것은
무엇보다도 중요하며
건강의 나무가 무성하면
자연히 쾌활한 꽃이 핀다.

- 쇼펜하우어 -

나를 돌아보기 ◆ ◆

《심플하게 산다》의 저자로 알려진 도미니크 로로는
"건강할 때 우리는 누구나 아름답다"고 말했습니다.

건강을 위해 운동하고 있나요?
건강을 위해 좋은 식습관을 가지고 있나요?
건강하지 않으면 우리의 모든 것은 모래성 위에 쌓아 올린 듯 아슬아슬할 뿐입니다.

오늘 하루 내 몸을 천천히 살펴보세요.
내 몸을 위해 어떤 운동을 해야 할지 생각해 보세요.

〈몸〉 질문 ◆ ◆

Q. 건강해지기 위해 무엇을 해야 할까요? 생활 속에서 실천할 수 있는 것을 생각해 봅시다.

Q. **action.** 오늘 하루 내 몸을 위한 간단한 운동 또는 스트레칭을 해 주세요. 근육 하나 하나에 집중해 주세요.

무너진 자존감을 회복하는 100일의 기적

Q076
회복

Date   .   .

힘들지 않으면 근육이 생기지 않는다.
힘들어야 근육이 생기고 상처가 아물면서 근육은 성장한다.
부러진 뼈는 회복하는 과정에서 처음보다 더 강하게 된다.
가장 힘들 때 가장 기뻐하라.

-한근태(한스컨설팅 대표) -

나를 돌아보기 ◆ ◆

회복탄력성은 다양한 시련, 실패를 도약의 발판으로 삼아
더 높게 튀어 오르는 마음의 근력을 말합니다.

고무줄을 많이 잡아당길수록 다시 되돌아오는 힘이 강해집니다.
양체공을 바닥에 힘 있게 던질수록 더 높이 튀어 오르지요.
이처럼 탄성이 좋으면 강한 역경이 올수록
더욱 강한 힘을 가지고 되돌아올 수 있습니다.

나를 믿으세요. 다시 되돌아갈 수 있습니다.
그리고 상황을 유연하게 바라보세요. 더욱 높이 날아오를 것입니다.

<회복> 질문 ◆ ◆

Q 기분이 안 좋아졌을 때 다시 회복되기까지 얼마나 걸리나요?

Q 시련, 실패 등이 닥쳤을 때 나만의 회복 방법이 있나요? 어떻게 그 상황에서 벗어나나요?

무너진 자존감을 회복하는 100일의 기적

Q077
이해

Date   .   .

가장 가까운 사람들 사이에도
무수한 차이점이 있다는 사실을 깨닫는다면
우리에게는 훨씬 더 황홀한 삶이 전개될 것이다.
만일 상호 간의 차이와 거리를 사랑할 수 있다면
당신은 상대방의 전부를 바라볼 수 있을 것이다.

- 릴케 -

나를 돌아보기 ◆ ◆

아무도 나를 100% 이해할 수 없습니다.
마찬가지로 나 역시 남을 100% 이해할 수 없습니다.
부모, 자식이라 해도
연인, 배우자라 해도 말이지요.

서로 이해할 수 없음을 인정하고,
노력해야 한다는 것을 깨달을 때,
비로소 서로 이해하고 이해받을 수 있습니다.

〈이해〉 질문 ◆ ◆

Q '왜 아무도 나를 이해해 주지 않을까?'라는 마음에 서운했던 적이 있나요? 주로 어떨 때 이런 마음이 드나요?

Q **action.** 내가 사랑하는 한 사람을 떠올려 보세요. 그리고 오늘 그 사람을 이해하기 위해 노력을 기울입니다. 어떤 노력을 했는지 기록해 주세요.

무너진 자존감을 회복하는 100일의 기적

Q078
완벽

Date   .   .

우리의 마음속에는 완벽하려고 하고 완전해지고 싶은 마음이 숨어 있다.
그건 욕심이다.
최고의 자리에 오르고 싶고 최상의 박수를 받고 싶은 마음도 있다.
그런 마음을 가질 수는 있지만 모두가 다 최고가 되어야 하는 것은 아니다.
높은 곳에서 반짝이는 나뭇잎은 반드시 아래로 내려오게 되어 있다.
완전과 완벽은 인간의 영역이 아니다.
그건 신의 영역이다.
중요한 것은 오늘 하루 충실한 삶을 살았는가 하는 것이다.
완전하려고 하지 말고 오늘 하루 충만했는가 물어보아야 한다.
열심히 살았는가, 성실했는가
이런게 훨씬 중요한 것이다.

- 도종환, 〔사람은 누구나 꽃이다〕 中 -

나를 돌아보기 ◆ ◆

완벽주의 성향이 있었습니다.
끊임없이 완벽을 추구하면서 스스로를 괴롭혔습니다.
다른 사람에게 일을 맡기는 것이 불안해서 직접 해야만 마음이 놓였습니다.
그러다 보니 내가 해야 하는 일은 쌓여 가고,
주변 사람들에게 예민하게 대했습니다.
그러다 알게 되었지요.
결코 사람은 완벽할 수 없구나.
그것을 받아들이는 순간 기적처럼 마음이 편안해졌습니다.

〈완벽〉 질문 ◆ ◆

❶ 완벽주의 성향이 있나요? 모든 면이 아니라 어느 한 부분에서만 그럴 수도 있습니다. 어느 부분에서 그런가요?

❶ **action.** 사람은 완벽할 수 없다는 사실을 마음 깊이 되뇌어 보세요. 자신을 편안하게 놓아 주세요.

무너진 자존감을 회복하는 100일의 기적

Q079
여행

Date   .   .

진정한 여행은
새로운 풍경을 보는 것이 아니라
새로운 시야를 갖는 것이다.

- 마르셀 프루스트 -

나를 돌아보기 ◆ ◆

여행을 간다고 하면 사람들이 가장 먼저 묻는 것은
"어디로?", "누구랑?" 입니다.

우리 역시 어디로 갈지, 누구와 갈지를 가장 고민하지요.
제주도를 갈까? 아니면 이번엔 유럽?
친구와? 가족과? 혼자 갈까?

"왜" 여행을 가는 지에 대한 생각은요?
어떤 여행이 되었으면 좋겠는지, 여행을 가는 이유가 무엇인지,
모든 것을 받아들일 준비가 되어 있는지,
잠시 생각해 본다면 더욱 풍성한 여행이 될 수 있을 거예요.

〈여행〉 질문 ◆ ◆

Q 꼭 해 보고 싶은 여행이 있나요? 가고 싶은 곳이 아닌, 하고 싶은 여행입니다.

무너진 자존감을 회복하는 100일의 기적

Q080
비교

Date   .   .

자신의 운을 자기보다 운 좋은 사람과 비교하지 말고
대다수의 사람들과 비교하라.
그러면 자신이 운이 좋은 사람이라는 것을
깨달을 것이다.

- 헬렌 켈러 -

나를 돌아보기 ◆ ◆

친구는 부모님이 대학원 등록금까지 해 주시는데
나는 아르바이트해서 등록금을 내야 하는 상황이 원망스러운가요?
유학을 가고 싶은데 부모님이 지원해 주지 않아 속상한가요?
결혼 자금을 해 주지 않아 부모님께 서운한가요?

주변을 둘러보세요.
그리고 나를 둘러싼 상황을 바라보세요.
우리는 사실 다른 사람들만큼 평범한 환경에서,
혹은 다른 사람들보다 훨씬 좋은 환경에서 살고 있답니다.
지금의 내 상황에 감사하세요.

〈비교〉 질문 ◆ ◆

Q **action.** 지금 나의 환경을 객관적으로 파악하고 감사한 마음을 가져 보세요.

무너진 자존감을 회복하는 100일의 기적

Q081
모방
Date   .   .

인간은 모방하는 동물이다.
이 특성은 인간의 모든 교육의 근원이다.
요람에서 무덤까지 인간은 타인이 하는 것을 보고 그대로 배운다.

- 토머스 제퍼슨 -

나를 돌아보기 ◆ ◆

'저 사람처럼 살고 싶다.'
'저 사람의 저런 면이 참 부럽다'라고 생각한 적 있나요?

다른 사람들 모습에서 나에게 없는 장점을 보면
부럽고, 질투가 나기도 합니다.

주변 시선을 신경 쓰는 사람은 대담한 누군가의 장점이
소심한 사람은 당당하게 자신의 이야기를 하는 누군가의 장점이
눈에 들어옵니다.
그렇다면 우리 그 장점을 내 것으로 만들어 보면 어떨까요?

〈모방〉 질문 ◆ ◆

Q 주변 사람들 중 꼭 닮고 싶은 모습이 있나요? 어떤 모습을 닮고 싶나요?

Q **action.** 오늘 그 사람에게 다가가 조언을 구해 봅시다. 그 사람의 장점을 칭찬하며 "어떻게 그럴 수 있죠?" 하고 물어보세요.

무너진 자존감을 회복하는 100일의 기적

Q082
죽음

Date   .   .

지상에서 우리에게 허락된 시간이 한정되어 있고
그 시간이 언제 끝날지 모른다는 걸 깨닫고 나서야
우리는 하루하루 최선을 다해 살기 시작할 것이다.
그날이 우리에게 주어진 마지막 날인 것처럼.

- 엘리자베스 퀴블러 로스 -

나를 돌아보기 ◆ ◆

"내가 죽으면?"이란 생각을 해 봤나요?

프랑스 작가인 라 로쉐푸는
"사람이 얼굴을 볼 수 없는 두 가지가 있으니 태양과 죽음이 그것이다"
라고 했습니다.

우리는 마치 영원히 살 것처럼 살고 있습니다.
죽음을 두려워하는 자세도 좋지 않지만
가끔씩은 죽음을 생각해 보며
삶의 유한함을 되짚어 볼 필요가 있습니다.

어둠이 있어 빛이 있듯이
죽음이 있기에 지금 이 순간 살아 있음이 더욱 빛나는 것입니다.

〈죽음〉 질문 ◆ ◆

Q 내가 내일 죽는다면 오늘 하루를 어떻게 보내시겠습니까? 구체적으로 묘사해 주세요.

Q action. 그런 하루를 보내 주세요. 오늘 하기 힘들다면 날짜를 정해 보세요.

무너진 자존감을 회복하는 100일의 기적

Q083
관계

Date   .   .

좋은 사람을 만나는 것은 신이 내리는 선물이다.
그 사람과의 관계를 지속시키지 않는 것은
신의 선물을 내팽개치는 것이다.

- 데이비드 패커드(휴렛 팩커드 공동 창업자) -

나를 돌아보기 ◆ ◆

사랑하는 사람들 얼굴을 한 명씩 떠올려 보세요.
그들에게 전화를 걸어 안부를 묻거나
얼굴을 마주하며 함께 웃은 적이 언제였나요?

내가 사랑하는 사람들, 나를 사랑해 주는 사람들.
늘 그곳에 있을 것 같지만 그렇지 않습니다.

세심한 관심이 없다면
점점 시들해지고 관계가 죽어 갈지도 모릅니다.
오늘 사랑하는 사람들에게 따뜻한 햇살, 시원한 물, 풍부한 비료를 주면 어떨까요?

〈관계〉질문 ◆ ◆

Q 내가 사랑하는 사람들 이름을 적어 보세요. 그들과 마지막으로 만난 날은 언제인가요?

Q **action.** 오늘 사랑하는 사람들에게 연락해 만날 약속을 잡아 보세요.

무너진 자존감을 회복하는 100일의 기적

Q084
집

Date   .   .

가족이 지니는 의미는 그냥 단순한 사랑이 아니라
지켜봐 주는 누군가가 거기 있다는 사실을
상대방에게 알려 주는 것이다.

-미치 앨봄-

나를 돌아보기 ◆ ◆

어릴 적엔 집이 답답하게 느껴져 밖에서 배회하다
늦은 밤 들어가기도 했습니다.
또 친구들과 즐겁게 놀다가도 이제 그만 집에 가서 편하게 쉬고 싶다며
집 생각이 간절하게 나기도 했지요.

어디에 있든, 무엇을 하든
결국 우리는 집으로 돌아옵니다.
그리고 집은 늘 그곳에서 우리를 기다리고 있습니다.

〈집〉 질문 ◆ ◆

Q '집'이라고 하면 어떤 생각이 떠오르나요?

Q 내가 꿈꾸는 '집'은 어떤 모습인가요? 외적인 것도, 내적인 것도 좋습니다.
　　ex) 마당 있는 단독주택, 햇빛이 잘 드는 집, 집에 들어가면 편안한 마음이 드는 집 등등

Q085
최선

Date   .   .

최선을 다했다는 말을 함부로 쓰지 마라.
최선이란 자기의 노력이 스스로를 감동시킬 수 있을 때
비로소 쓸 수 있는 말이다.

- 조정래 -

나를 돌아보기 ◆ ◆

요즘은 자신에게 조금만 일이 맞지 않으면
"여긴 내가 일할 곳이 아니야"라며 이직하고,
"내가 진짜 하고 싶은 일은 이것이 아니었어"라는 말로 다시 공부를 시작하기도 합니다.

물론 맞지 않는 것을 억지로 계속하는 것만큼 미련한 일은 없습니다.
하지만 자신이 선택한 일이라면 후회 없을 만큼 노력은 해 봐야 하지 않을까요?

정말 하고 싶은 일이 아니라 포기하는 것인지
기초와 기본이 반복되는 것을 참아 낼 성실함이 없는 것인지
진지하게 돌아봐야 합니다.

⟨최선⟩ 질문 ◆ ◆

Q 어떤 일을 시작하면 꾸준히 오랫동안 하는 편인가요? 금방 싫증을 내는 편인가요?

Q action. 꾸준히 최선을 다하기 위한 나만의 방법을 만들어 보세요

무너진 자존감을 회복하는 100일의 기적

Q086
일

Date   .   .

행복의 비결은
자기가 하고 싶은 일을 하는 것이 아니라
자기가 해야 할 일을 좋아하는 것이다.

- 제임스 발리 -

나를 돌아보기◆ ◆

매일 학교로 등교하는 것이.
매일 회사에 출근하는 것이.
매일 집에서 집안일과 육아를 하는 것이.
힘들고 고달픈 일이 되었나요?

러시아 소설가 막심 고리키는
"일이 즐거우면 세상은 낙원이고, 일이 괴로우면 세상은 지옥"
이라고 했습니다.

낙원에 살고 있나요? 지옥에 살고 있나요?

〈일〉질문◆ ◆

Q **action.** 오늘 직장에서 마주치는 모두에게 가장 밝은 미소로 먼저 인사를 건네요.
(이때 직장은 넓은 의미의 직장을 이야기합니다. 주부라면 남편, 아이, 취업준비생이라면 도서관에서 만나는 직원 등등)

Q 직장 생활에서 나의 태도를 돌아보고, 앞으로 내 일을 대할 때 어떤 마음을 가지고 싶은지 다짐을 적어 봅시다.

무너진 자존감을 회복하는 100일의 기적

Q087
직시

Date   .   .

위험을 막아달라고 기도하기보다는
위험에 직면했을 때
두려워하지 않게 해달라고
기도하게 하소서.

-라빈드라나드 타고르-

나를 돌아보기 ◆ ◆

뭔가 잘못된 것을 알지만 두려워 못 본 척 외면하고 있진 않나요?

분명 이 사람과의 관계가 삐걱이는데,
내가 하고 있는 이 일이 잘못된 것 같은데,
근본적인 해결은 하지 않고 순간을 모면하기 위해 애쓰고 있진 않나요?

기둥이 썩었다면 기둥을 바꿔야 합니다.
그 위에 페인트칠을 한다고 해서 기둥이 고쳐진 것은 아닙니다.
단지 잠시 보이지 않을 뿐입니다.

〈직시〉 질문 ◆ ◆

Q 문제를 알고도 두려워 눈 감았던 적이 있나요? 어떤 결과를 얻었나요?

Q 그 순간 당당하게 맞서 새롭게 시작했다면 어떻게 달라졌을까요?

무너진 자존감을 회복하는 100일의 기적
Q088
결정

Date . .

인생에서 무엇보다 바람직스럽지 못한 것은
스스로가 결정을 내리지 못하고
용기가 없어 시도조차 못한 인생을 살아가면서
모든 것이 뜻대로 안 되는 자신을 스스로 잘못된 인간이라
생각하게 되는 것이다.

- 린제 홀 -

나를 돌아보기 ◆ ◆

'결정장애'라는 말이 있습니다.
결정을 할 때 힘들어하는 사람을 칭하는 말이지요.

이 사람이랑 결혼해도 될까?
대학원을 갈까? 취직을 할까?
이직을 할까? 계속 회사에 다닐까?

무언가를 결정한다는 것은 그것이 잘못되었을 때 책임도 함께 지겠다는 의미입니다.
그러다 보니 나 대신 누군가가 결정해 주고, 책임도 져 주길 바라게 됩니다.
하지만 나를 대신할 수 있는 사람은 누구도 없습니다.

사람은 본래 완벽한 결정을 할 수 없는 존재입니다.
그렇다면 불완전하지만 결정을 내리고, 그것을 옳은 결정으로 만들어 가는 과정에
집중하는 것이 낫지 않을까요?

〈결정〉 질문 ◆ ◆

Q 다른 사람의 결정을 따라서 후회한 적 있나요?

Q 스스로 한 결정은 무엇이었나요? 그 결정에 만족하나요?

무너진 자존감을 회복하는 100일의 기적
Q089
순환
Date   .   .

공자가 말했다.
싹은 틔었으나 꽃을 피우지 못하는 자가 있고
꽃은 피웠으나 열매를 맺지 못하는 자가 있다.

- 논어 -

나를 돌아보기 ◆ ◆

싹을 피웠나요? 꽃을 피웠나요?
그곳에서 멈춰 있진 않나요?

싹이 나면 꽃이 피고, 꽃이 지면 열매를 맺고,
다시 열매가 씨를 뿌려 싹이 나고,
그 싹이 다시 꽃으로, 열매로 계속 순환해야 합니다.

평생 꽃으로만 피어 있을 수도 없으며,
평생 열매만 맺고 있을 수도 없습니다.
지금 어디에서 멈춰 있나요?

〈순환〉 질문 ◆ ◆

Q 지금 싹이 난 상태, 꽃이 핀 상태, 열매를 맺은 상태 중 어디에 속하나요?

  ex) 싹이 난 상태 – 대학교 1학년, 신입사원, 신혼
  꽃이 핀 상태 – 대학교 2~4학년, 회사에서 2~3년, 결혼 후 2~3년
  열매 맺은 상태 – 대학교 졸업, 회사에서 과장, 부장, 결혼 후 5년 이상

Q 다음 단계를 준비하고 있나요? 없다면 계획해 봅시다.

  ex) 임용고시 합격 후 교사 생활 5년. 현재 꽃이 피었거나, 열매를 맺은 상태이다. 다시 새로운 꽃을 피우기 위해 싹을 틔워야 할 때. 싹을 틔우기 위해 나만의 수업 방식을 고민하고, 찾기 위한 노력이 필요하다. 연수를 듣거나 연구 노트를 작성해야 한다.

Q090
계획

Date   .   .

계획을 수립하는 것은 성공과 실패의 분기점이다.
왜냐하면 계획을 할 때 생각을 확실하게 하게 되고
확실한 생각은 행동에 채찍질을 하기 때문이다.
명확한 계획은 명확한 결과를 낳는다.
그러나
불명확한 계획이 불명확한 결과를 낳는 것은 아니오.
아무런 결과도 낳지 못한다.

- 폴 마이어 -

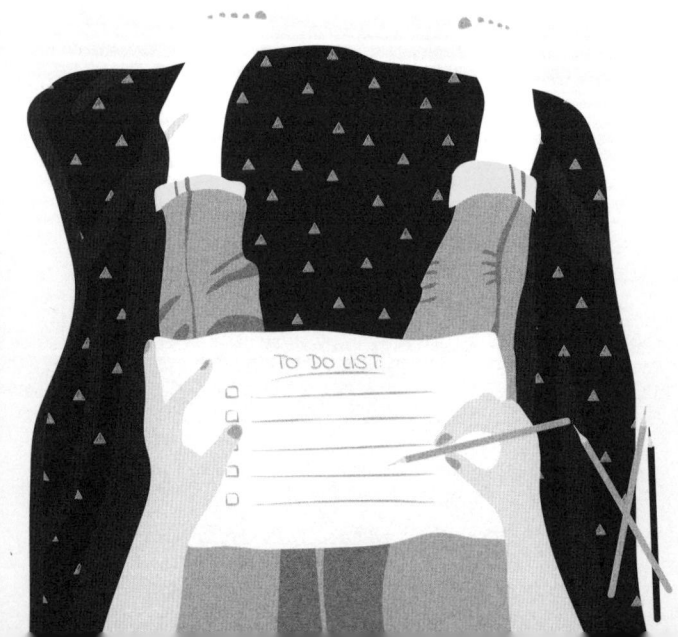

나를 돌아보기 ◆ ◆

매일 해야 할 일을 계획하나요?
계획을 세울 시간도 없을 정도로 바쁘게 생활하고 있나요?
바빠서 계획을 세우지 못하는 것이 아니라
계획을 세우지 않아 바쁜 것입니다.

토머스 에디슨은
"변명 중에서도 가장 어리석고 못난 변명은 '시간이 없어서'라는 변명이다"
라고 했습니다.

계획을 세우면 많은 시간을 아낄 수 있습니다.
그리고 그 시간은 나를 위해 쓸 수 있습니다.

<계획> 질문 ◆ ◆

Q **action.** 오늘 해야 할 일을 모두 적어 주세요. 그리고 하나씩 처리하며 끝났을 때 빨간 줄을 그어 주세요.

Q 총 몇 개의 할 일을 썼고, 몇 개가 지워졌나요? 계획을 적은 오늘 하루 어땠나요?

195

무너진 자존감을 회복하는 100일의 기적

Q091
휴식

Date   .   .

휴식이 끝난 후 자신도 모르게 일이 잘 진행되는 경우가 있다.
수많은 문제점들이 해결되고 사고는 풍부해지며 화술은 세련되진다.
잠시 휴식을 취한 뒤에는 마치
밭을 갈지 않고 뿌린 씨앗이 성장하여
힘들이지 않고 곡식을 수확하는 것처럼
일이 쉽게 진척되는 경우가 많다.

-C. 힐티-

나를 돌아보기 ◆ ◆

좋은 작물을 기르기 위해선 계속해서 밭에 씨앗을 뿌려서는 안 됩니다.
한 번쯤은 토양도 쉬게 해서 다시 좋은 기운을 회복할 시간을 주어야 합니다.

휴식을 취한다고 하면 게으른 모습이 떠오르고,
열심히 살고 있지 않다는 죄책감마저 느끼는 사람들이 많습니다.

잠시 걸음을 멈춰 보세요.
머리에도, 마음에도 신선한 바람을 쐬어 주세요.
다시 달릴 수 있는 충분한 에너지를 몸 안에 채워 주세요.

<휴식> 질문 ◆ ◆

Q action. 오늘 하루 충분한 휴식을 취합니다. 가장 기분 좋은 방법으로요.

무너진 자존감을 회복하는 100일의 기적
Q092
말
Date   .   .

입은 곧 화에 이르는 문이요,
혀는 곧 몸을 베는 칼이니
입을 닫고 혀를 깊숙이 감추면
가는 곳마다 몸이 편할 것이다.

-풍도, 〔설시〕-

*풍도 : 당나라 주요 관직에 있다가 당이 망한 후에도
진과 한 등에서 벼슬을 지낸 처세의 달인

나를 돌아보기 ◆ ◆

말은 나를 나타내는 가장 확실한 지표입니다.

나는 어떤 사람입니까?
주로 말을 하는 사람입니까? 다른 사람의 말을 듣는 사람입니까?
신중한 사람입니까? 가벼운 사람입니까?
실속이 있는 사람입니까? 입만 살았다는 말을 듣는 사람입니까?

다른 사람의 말에 귀를 기울이고
자신이 하고 싶은 말을 한 번 참으면 그만큼 실수가 줄어듭니다.
내가 하려는 말이 꼭 필요한 말인지 돌아보세요.

<말> 질문 ◆ ◆

Q 말하고 나서 후회한 적 있나요? 어떤 말이었나요?

Q action. 오늘 하루 말을 줄이고, 그 시간만큼 다른 사람의 말을 경청해 주세요.

무너진 자존감을 회복하는 100일의 기적

Q093
고난

Date   .   .

생각하건대 현재의 고난은
장차 우리에게 나타날 영광과
비교할 수 없도다.

- 로마서 8장 18절 -

나를 돌아보기 ◆ ◆

이순신 장군은
"신에게는 아직 열두 척의 배가 남아 있습니다"라고 말하며
백 척이 넘는 왜선과 싸우기 위해 바다를 헤치고 나아갔습니다.

살면서 우리는 수없이 어려운 고난과 시련에 직면하게 됩니다.
자신이 목표로 했던 일에 실패하기도 하고, 일이 잘 풀리지 않을 때도 있지요.
하지만 이럴 때 포기하고 주저앉기보다
"이 일로 나는 더욱 성장할 것이다" 외치며 앞으로 나아가면 어떨까요?

〈고난〉 질문 ◆ ◆

Q **action.** 나는 고난과 역경이 왔을 때 어떤 생각을 먼저 하나요? 긍정적인 생각으로 바꿔 봅시다.

무너진 자존감을 회복하는 100일의 기적

Q094
길

Date   .   .

앞으로 잘 살 수 있을까?
돈을 벌 수 있을까?
정말 내가 활약할 수 있을까?
이런 앞날에 대한 걱정은 미래에 맡겨 두자.
나는 지금 잘 살아 나가면 되는 거야!

-마돈나-

나를 돌아보기 ◆ ◆

목적지를 향해 열심히 걸었지만 도착하고 보니 원했던 것이 없나요?
목적지를 향해 가다 길을 잃어 두려운가요?
이 길이 맞는지 자꾸만 의심이 드나요?

빨리 가는 것은 중요하지 않습니다.
어디로 가는지도 그리 중요하지 않습니다.
어떻게 가느냐가 가장 중요합니다.

삶은 죽을 때가지 걸어야 하는 길입니다.
걸어가는 그 길의 순간순간, 마음껏 꽃 피우며 걷는다면
돌아본 모든 길이 꽃밭이겠지요.
그곳이 바로 우리의 목적지겠지요.

〈길〉 질문 ◆ ◆

Q 삶이라는 길을 어떻게 걸어가고 싶나요?

Q **action.** 위에 적은 것처럼 길을 가기 위해 내가 할 수 있는 행동을 한 가지만 적고 실천해 주세요.

무너진 자존감을 회복하는 100일의 기적

Q095
하루

Date   .   .

인생이란 설명보다도
성실히 사는 사람에게는 저절로 터득되는 것이다.
먼저 아침 식사 때에 조용히 감사하며
자신의 성실함을 자각할 수 있어야 한다.
인생은 흘러가는 것이 아니고,
성실함으로써 내용을 이루어가는 것이다.
인생은 하루하루를 보내는 것이 아니고
하루하루를 내가 가진 무엇으로 채워가는 것이다.

-존 러스킨-

나를 돌아보기 ◆ ◆

'이 시험에만 합격하면 나도 즐겁게 살 거야!'
'취직하면 나도 멋지게 살 거야!'
'아이들이 다 크면 나도 내 시간을 잘 보내며 살 거야!'
하며 오늘 하루 인내하면서 보내고 있나요?

앙드레 지드는
"삶은 현재 순간들의 지속적인 일어남"이며
"하루에 매 순간 그대는 신을 송두리째 가질 수 있음을 잊지 말라"고 하였습니다.

하루하루가 모여 내 삶이 그려집니다.
어떤 날도 다른 날을 위해 버려질 수 없습니다.
오늘 하루 순간순간에 의미를 부여하며 삶을 진정으로 느껴 봅니다.

〈하루〉질문 ◆ ◆

Q action. 오늘 하루 순간순간에 의미를 부여해 주세요.

ex) 햇빛이 강하네. - 나에게 좋은 기운을 주려고 그러나 봐.
부장님이 나에게 힘든 일을 주셨네. - 내가 이것을 통해 성장하게 될 거야.

Q096
용기
Date   .   .

신이여, 바라옵건대
제게 바꾸지 못하는 일은 받아들이는 차분함과
바꿀 수 있는 일을 바꾸는 용기와
그 차이를 늘 구분하는 지혜를 주옵소서.

- 라인홀드 니버의 기도문 中 -

나를 돌아보기 ◆ ◆

'우리 가족은 왜 이런 거야?!'
'난 왜 한국 사람인 거야?!'

우리 가족은 바꿀 수 없지만
가족과의 관계는 바꿀 수 있습니다.
한국 사람인 것은 바꿀 수 없지만
한국을 좀 더 좋은 나라로 바꿀 수 있습니다.

바꿀 수 없는 일은 받아들이고,
그 안에서 바꿀 수 있는 것을 생각할 때 우리는 행복할 수 있습니다.
바꿀 수 있는 일임에도 어쩔 수 없다 체념하고 있지 않나요?
바꿔 보겠다는 용기가 필요합니다.

<용기> 질문 ◆ ◆

Q 지금껏 바꿀 수 없다고 생각했지만 사실은 바꿀 수 있는 일은 무엇인가요?

Q action. 그 일을 바꾸기 위해 어떤 행동을 할 수 있나요? 바로 시작할 수 있는 작은 일부터 적고 실천해 주세요.

무너진 자존감을 회복하는 100일의 기적

Q097
색깔

Date   .   .

색을 사랑하는 마음이야 말로
최고로 순수하고 사려 깊은 마음이다.

- 존 러스킨 -

나를 돌아보기 ◆ ◆

무슨 색을 좋아하나요?
열정적인 빨강? 시원한 파랑?

저는 노란색을 가장 좋아합니다.
노란색은 '긍정. 발전. 열정'이란 의미를 가지고 있습니다.
또 노란색은 빨강과 초록빛을 혼합하면 만들어집니다.
빨강은 '자극', 초록은 '회복'이란 의미입니다.

저는 이 둘이 섞인 노란색처럼 주변 사람들에게 건강한 자극을 주어
함께 발전하면서 서로 공감하고, 마음을 어루만질 수 있는 사람이 되고 싶습니다.
나를 잘 표현해 주는 색깔을 찾아볼까요?

〈색깔〉 질문 ◆ ◆

Q 어떤 색깔을 가장 좋아하나요? 그 이유와 함께 이야기해 주세요.

Q action. 나를 잘 표현하는 색깔을 찾아보세요.

무너진 자존감을 회복하는 100일의 기적

Q098
현재

Date   .   .

높은 산을 오를 때는
까마득히 높은 산꼭대기를 바라보며 올라가면 안 돼요.
자꾸 정상을 올려다보면서
'저 높은 데까지 어떻게 올라가나' 하고 생각하면
등산하기가 힘들어져요.
그러나 한 발짝 한 발짝 꾸준히,
그리고 열심히 발밑을 내려다보며 올라가면
어느 사이에 정상에 오르게 됩니다.

- 정주영 -

나를 돌아보기 ◆ ◆

내가 '이 산을 오르겠다'라고 계획을 세웠다면 그다음은 어떻게 해야 할까요?

산 정상을 바라보며 언제 올라갈지 걱정하지 말고
현재 내가 해야 할 일만 생각하며 한 걸음씩 걸어가야 합니다.
이 일을 하면서 저 일을 해야 하는데 걱정하면
마음만 급해지고 짜증이 납니다.

너무 멀리 바라보며 힘들어하지 마세요.
뒷길을 쳐다보며 불안해하지 마세요.
현재 내 앞에 주어진 것들만 바라보며 그 일에 최선을 다한다면
결국 나도 모르게 산 정상에 이를 것입니다.

〈현재〉 질문 ◆ ◆

❶ 오늘 내가 집중해야 할 일은 무엇인가요?
　　ex) 내가 맡은 업무, 오늘 읽으려고 빌려 둔 책 읽기 등등

❶ **action.** 다른 것들은 머릿속에서 잠시 밀어 두고, 지금 당장 해야 할 일에 집중해 보세요.

무너진 자존감을 회복하는 100일의 기적

Q099
피드백

Date   .   .

효과적인 활동을 했으면 조용히 되돌아보라.
조용히 되돌아보면 훨씬 더 효과적인 활동을 하게 된다.

− 피터 드러커 −

나를 돌아보기 ◆ ◆

99일 동안 질문을 생각하고 답하는 일 어떠셨나요?
처음엔 의욕이 가득 차고, 잘 해낼 거라고 다짐했지만
하루하루 시간이 지나면서 그 마음은 쉽게 흐려지지요.

아트 스피치 김미경 원장은 "열정은 모든 사람에게 있다"고 했습니다.
다만 그 열정을 "유지하는 사람과 그렇지 못한 사람"이 있을 뿐이라고요.

《매일 질문》의 첫 시작.
당신은 그 열정을 유지했나요? 포기했나요?
피드백을 제대로 한다면 끝이 아니라 다시 시작으로 만들 수 있습니다.

〈피드백〉 질문 ◆ ◆

Q 가장 기억에 남았던 질문은 무엇인가요?

Q 99개의 질문에 답하면서 느꼈던 마음을 자유롭게 써 주세요.

무너진 자존감을 회복하는 100일의 기적

자존감

Date   .   .

내일의 모든 꽃은 오늘의 씨앗 속에 있다.

-중국 속담-

나를 돌아보기 ◆ ◆

100일 동안 《매일 질문》 여행 어땠나요?
질문을 통해 솔직한 당신의 마음을 마주하고 실천하며
당신은 충분히 멋진 사람이라는 것을 확인하는 시간이었나요?

당신 안에 숨어 있는 아름다운 꽃씨들이
《매일 질문》을 통해 싹을 틔워 내면을 단단하게 받쳐 주고,
삶을 환하게 비춰 주길 진심으로 바랍니다.

〈자존감〉 질문 ◆ ◆

Q 당신의 무너진 자존감은 회복되었나요? 부족하면 부족한 대로, 아쉬우면 아쉬운 대로 최선을 다한 스스로에게 수고했다 한 마디 해 주세요. 스스로에게 선물하세요.

에필로그

《매일 질문》 샘플 및
실천 후기

✹ 정지영 님 (30대 여성, 직장인) ✹

〈한계〉 질문

1. 스스로 한계를 지어 포기했던 일이 있나요? 지금 돌이켜 생각해 보면 어떤 생각이 드나요? 포기하길 잘했다는 생각이 드나요? 아니면 시도해 볼 걸 후회가 되나요?

초등학교 때 6년간 피아노를 배웠는데 졸업을 앞두고 대회를 준비했었어요. 그땐 제법 잘치는 실력이어서 피아노 선생님과 함께 대상을 목표로 열심히 연습을 시작했어요. 하지만 얼마 지나지 않아 연습이 지루하고 싫기도 하고 대상을 못 받을까봐 걱정이 되기도 하고.. 난 그 정도 실력은 아니라며 한계를 짓고 연습도 중단하고 대회 자체를 나가지 않고 포기했어요.
지금 생각해보면 끝까지 열심히 해서 상을 받던 못받던 마무리를 지었으면 어땠을까 하는 아쉬움이 많이 남습니다.

2. 내 안의 한계를 뛰어넘어 해냈던 일이 있나요? 그 순간 어떤 마음이 드셨나요?

21살에 혼자 캐나다 동부 여행을 갔었어요. 그때가 4월 초였는데 토론토에 딱 내리니 영하 20도더라구요. 지금 생각해도 너무 추웠던 기억이.. ^^; 어린 여자애가 달랑 배낭 하나 메고 혼자 게스트하우스에서 자고, 밤기차타고 다른 도시로 이동하고, 혼자 밥도 먹고, 다른 외국인들과 어울려 pub에 가서 놀기도 했어요. 절대 못할꺼라고 생각했던.. 스스로 한계를 짓고 가두고 있던 혼자하는 여행에 대한 두려움을 깨고 멋지게 잘 즐겼어요. 그 이후론 혼자인 것에 대한 자신감이 생겨서 좋아요!!

☀ 오은지 님 (20대 여성, 어린이집 교사) ☀

〈용기〉 질문

1. **지금 가장 두려운 것이 무엇인가요?**

    ex) 내가 하려는 이 일이 정말 나에게 맞는걸까?
    내가 결혼하려는 이 상대가 과연 정말 내 사람일까?

    '두려운 것'을 생각해보니 여러 가지가 떠올랐지만, 결과적으로 그 모든 것들의 중심은 '타인의 시선'이더라고요. 그 시선이 중요하지 않다는 것을 알면서도 어떤 결정을 내리거나 무언가를 시작할 때 자연스럽게 의식하게 되는 것 같아요. 가정에서의 제 모습, 직장에서의 제 모습은 물론 외적인 모습, 내적인 모습까지 다 포함해서요. 전 제 자신을 위해서 살아가고 싶은데, 왜 이렇게 다른 사람의 시선을 의식하게 되는지요… 긍정적으로 생각해보면 그 시선을 '선한 자극'으로 느껴볼 수 있을텐데, 그렇게 생각해보아야겠지요!? 뭐든 '적당히'가 좋은 것처럼, 독이 아니라 저의 열정을 불러일으킬 수 있는 '도구'로 타인의 시선을 의식한다면 더 좋을 것 같습니다.

2. **action.** 작은 일에 용기를 내어 봅시다.

    ex) 낯선 사람에게 말 거는 것이 두려운 분이라면, 모르는 사람에게 길을 물어보세요.
    혼자 밥먹는것이 두려운 분이라면, 혼자 밥을 먹어보세요.

    → 오늘 직장 동료분들께 먼저 높은 목소리로 인사를 건네 보았어요.
    평소에 제 자신을 '그래도 낯을 밝은 사람'이라고 생각을 했었는데, 새로 바뀐 직장이라 아직 서먹서먹한 사이가 있었거든요.
    혼자만의 벽으로 쉽게 마음을 열지 않았던 저의 모습도 있었고요.
    오늘은 동료분들의 작은 일이나 이야깃거리에도 관심을 보이며 어제와는 달리 먼저 말을 건네보기도 했습니다. 하고 나니 어려운 일이 아니었어요.
    하지만 마음은 그 배로 좋았습니다. 이건 내일도 꼭 시도해볼 거예요!
    작은 일부터 시작한 용기가, 점점 커져갈 것 같은 느낌이 들어요.
    또, 타인의 시선을 의식하느라 하지 못했던 운동 또한 시작해보려고 해요.
    헬스장을 다닐까 고민 중인데, 이번주 내로 상담을 받아보려고요.
    건강을 챙기는 삶에도 용기를 내어 보아야겠습니다.

✳ 문지혜 님 (30대 여성, 가정주부) ✳

〈성취〉 질문

1. 지난 3년 간 가장 자랑할 만한 성취는 무엇인가요?

역시 3년간 이룬 최고의 성취는 다빠를 쏙 빼닮은 사랑스런 아이들이지요. 3년전 아들을 낳고,, 아들 집안에 딸은 없겠지 했는데 작년에 오빠를 쏙 닮은 딸도 낳고.^^ 임신 기간동안 잔짜 내 인생에 다신 임신은 없다! 할 정도로 힘들었는데 둘째가 8개월이 되니 셋째 생각이 스물스물~^^ 아이들 너무 예뻐요.

2. 3년 후 당신이 가장 자랑할 만한 성취를 정해 주세요.

재테크에 관심이 생기기 시작해서 회계/세무 검색을 해면서 자격증이 있다는 사실을 알게 되었어요. 그래서 1()년에는 회계 자격증을 1()년에는 세무 자격증을 따서 신랑의 재테크에 힘을 실어주며 어깨 뽕~^^ 듬뿍듬뿍 세울 겁니다. ^^

❋ 장윤승 님 (30대 여성, 직장인) ❋

〈존재〉 질문

1. 나에게 '단 한 사람의 존재'가 있나요? 누구인가요? 그 사람은 왜 나에게 '단 한 사람의 존재'인가요?

→ 너무 뻔한 답이다 하실 수 있지만 역시나 1번은 부모님으로 거라고 생각합니다.
엄마한테는 나름 잘하고 있다고 생각하는데 아빠를 이상하게 아직도 좀 어렵네요.
엄청 엄하신 분이셔서 떼해대던 버릇이 아직 남아있는 것 같아요.
더이상 예전만큼 아빠가 무섭진 않은데도 전화 한통화 하는 것이 어렵고
단 둘이 있는 시간이 무겁고 그러더라구요.

2. **action.** 그 사람에게 오늘 어떤 방식으로든 꼭 감사의 마음을 표현해 주세요.

→ 오늘 아침 노란질문을 받고 고민하다가 점심때 아빠한테 전화를 걸었어요. 받으면 무슨 얘기 하지-
고민하던 것이 무색하게 즐겁게 이야기 했습니다.
정말 뭐 되는 지, 오늘은 몇시쯤 퇴근하는 것 같은지 등 뻔해 보인 얘기에도 아빠 목소리에 기쁜 기운이 느껴져서
뭉클하기도 하고 죄송하기도 하고 마음이 복잡해 졌습니다.
퇴근 할때에도 같이 하고 싶어 연락했는데 아쉽게 같이 퇴근할 수는 없었어요.
그래도 오늘 했던 2번의 통화를 엄마한테 전화해서 자랑했다고 아빠의 모습을 전해듣고
마음이 따뜻해 졌습니다 :)

크고 무섭던 아빠에게서 거품은 거품로 또 거품은 연세로은 아빠가 된 지금이 고금은 슬프기도 한 요즘입니다.
오래 오래 함께 웃으며 행복할 수 있도록 노력하기로 다짐했어요!
내일 아빠의 점심 메뉴가 벌써 궁금해지는 기분입니다 ㅎㅎ
내일도 점심때 연락 드려야고요 ~

《매일 질문》 실천 후기 ◆ ◆ ◆

바람꽃 카페에서 '노란질문'이라는 프로젝트에 참여하여, 실제 긍정적인 변화를 경험한 회원들의 호응을 통해 《매일 질문》 책으로 출간되었습니다. 그로 인해 후기에는 '노란질문'이라는 용어가 사용되었음을 밝힙니다.

내 삶의 주체는 나, 나에 대해 알아가는 시간

'바람꽃' 카페에서 '노란질문'을 진행하겠다고 했을 때 너무 흥미로운 시도라 생각했고, 반갑기까지 했습니다. 매일 다양한 생각 거리를 던져 주면서 내 멈춘 뇌를 재가동시키는 새로운 전환점이 될 것이라고 생각했기 때문입니다.

'노란질문'을 시작할 때 '진실되게 쓰자'고 다짐했습니다. 카페에서 댓글로 질문에 대한 답을 하고 함께 소통하는 방식으로 진행됐기 때문에 제 답변이 모두 공개되었습니다. 그렇기에 혹시라도 멋져 보이려고, 있어 보이려고 하는 허세를 떨지 않을까 걱정스러웠습니다. '멋 없는 답변이라도 질문에 대한 답은 100% 솔직하게만 대답하자'라고 다짐했습니다. 그리고 이 질문들을 통해서 조금 더 의식하는 삶을 살고 싶다는 바람을 갖고 시작했습니다.

저는 다른 사람보다 자신에 대해서 관심이 부족하고, 나를 잘 몰랐던 사람 중에 한 사람이었습니다. 여러 드라마를 보고 영화를 보고 음악을 들었지만, "가장 좋아하는 책이 뭐에요? 가장 좋아하는 작가가 뭐에요? 좋아하는 영화는요?"라고 물으면 대답할 수가 없었습니다. 저의 취향도 명확하게 파악하고 있지 못했던 사람이었습니다. 매일 주어진 질문을 통해 답하며 저 자신에 대한 공부를 하게 되었습니다. '내 삶의 주체는 나'임을 의식하며 사는 삶이 중요하다는 것을 깨달았고, 나를 되돌아보며 좀 더 아껴 주게 되었습니다.

나에 대해 잘 알고, 다독이는 것만큼 큰 자산이 없다고 생각합니다. 자아를 아는 것이 부족한 저에게 꼭 필요하고 값진 과정이었다고 생각합니다.

※ 주설화 님 (30대 여성, 직장인)

잃어버린 정체성을 되찾다

지난 2년 간 임신과 출산을 겪고, 제대로 쉬지 못한 상태에서 직장에 복귀하게 되었습니다. 갑작스럽게 변한 환경 속에 육아와 일을 병행하는 것은 쉽지 않았고, 워킹맘으로서 삶은 고단함의 연속이었으며 나에 대한 정체성을 점점 잃어 가고 있었습니다.

그러던 중 우연히 바람꽃 카페에서 '노란질문'을 함께할 분들을 모집한다는 글을 접하였습니다. 처음에는 '나처럼 시간에 쫓기는 시간 빈곤자가 이런 걸 해낼 수 있을까? 지금 내 한 몸 돌보는 것도 힘든데 이런 곳에 에너지를 쏟는 게 과연 옳은 일인가?' 하는 부정적인 생각들이 제 마음을 지배하고 있었습니다.

하지만 참여하는 사람들과 서로의 댓글을 보며 응원하고 위로받으며 혼자서 하는 것이 아니기 때문에 저 같은 사람도 해낼 수 있을 것 같은 자신감이 생기기 시작했습니다. 그래서 용기 내어 참여 의사를 밝혔고, 매일 배달되는 질문을 보며 열심히 대답하려고 노력했습니다.

갑작스런 야근과 회식으로 인해 질문에 답하는 것을 놓칠 뻔한 적도 있었고, 너무 어려운 질문을 받아서 종일 고민한 적도 있었으며, 생각지 못한 질문에 당황한 적도 있었습니다. 하지만 하루하루 질문에 대답하며 자신에 대해서 진지하게 돌아보는 시간을 갖게 되었습니다. 또 함께하는 분들의 응원과 위로의 댓글을 보면서 끝까지 완주할 수 있었습니다.

무엇보다 가장 크게 얻은 수확은 과거의 도전적이고 열심히 살았던 긍정적인 마인드와 용기를 되찾게 된 것입니다. 고단했던 워킹맘 일상이 조금씩 즐거워지기 시작했고, 회사 업무도 더욱 충실하게 되었으며 무엇보다 아이들로 인해 변화된 환경을 긍정적으로 받아들일 수 있었습니다.

《매일 질문》여러분도 기회가 된다면 꼭 참여해 보시기 바랍니다. 적어도 자신에 대해서 진지하게 돌아볼 수 있는 시간을 갖게 되고, 잃어버렸던 정체성을 찾을 수 있으리라 확신합니다.

※ 최성은 님 (30대 여성, 직장인, 쌍둥이맘)

생각을 두려워하던 나, 생각을 시작하다

어릴 때부터 다른 사람이 내 생각을 묻는 걸 두려워하는 편이었습니다. 누군가 내 생각을 물어보면 그 질문을 피하기 바빴습니다. 20대 후반이 되면서 내가 나 자신에 대해 모른다는 것이 부끄러워졌습니다. 나를 알아 가기 위해 질문을 해 보려 했지만 어떻게 해야 하는지도 몰랐기에 고민이 많아졌습니다.

우연치 않게 '바람꽃'이라는 카페를 알게 되고, '노란질문'의 내용을 보고 바로 신청했습니다. 질문을 통해 내 자신에 대해 생각해 볼 수 있는 시간을 가졌습니다. 나 혼자만의 생각에서 끝나는 것이 아니라 함께하는 사람들의 댓글을 보면서 다른 분들의 생각을 공유하고, 더 많은 것을 배우며 폭넓은 생각을 할 수 있었습니다.

질문 중에 유일하게 답을 찾지 못했던 질문이 있습니다. '어떤 일을 할 때 밤을 새도 피곤하지 않고 즐거운지, 먹고살 걱정이 없다면 어떤 일을 하면 행복할 것 같은지'에 대한 질문이었습니다. 사실 저는 아직 이 질문에 대한 답을 찾는 중입니다. 이 질문에 대한 다른 분들 댓글을 보면서 너무 멋있는 분이 많다고 느꼈고, 나도 무엇을 하면 즐겁고 행복한지를 꼭 찾아야겠다고 다짐했습니다. 앞으로 계속해서 《매일 질문》이 이어지기를 바랍니다.

※ 이슬희 님 (20대 여성, 직장인)

스스로에게 부끄럽지 않은 내가 되기

기억에 남는 질문은 '1분 목표 세우기'입니다. '내가 스스로에게 가르치고자 하는 것이 무엇인지', '내 목표를 현재 시점으로 달성한 것처럼 적어 보기' 등이었습니다. 너무 먼 시점이 아닌 1년 후를 생각해 봤습니다. 1년 후 나는 어떤 사람이 되고 싶을까? 사실 작년과 비교했을 때 올해의 저는 크게 달라진 것이 없었습니다. 목표를 세우고 실천하는 것도 연습이 필요한데 욕심만 크게 갖고 목표를 세우기만 했습니다. 그렇기에 앞으로 보낼 1년은 나 스스로에게 부끄럽지 않은 사람이 되고 싶다고 종이에 꾹꾹 눌러 썼습니다.

'1년 후 스스로에게 부끄럽지 않은 사람 되기' 생각해 보면 참 광범위한 이야기이지만 한편 간단한 목표였습니다. 이 목표를 세운 후 어떠한 일을 할 때 최선을 다하자는 나만의 다짐을 담아 더욱 열심히 참여했습니다.

질문은 매일 새벽 배달되었습니다. 아침에 주는 이유는 그냥 생각 나는 대로 쓰는 것이 아닌 하루 종일 질문을 곰곰이 곱씹으며 생각해 보라는 것이었습니다. 그렇게 배달된 이야기들은 댓글들을 통해 점점 봉우리가 생기더니 꽃잎 하나하나가 되어 하나의 꽃이 완성됐습니다. 주로 나 자신을 돌아보는 질문들이었습니다. 나에게 소중한 사람은 누구인지, 내가 가장 좋아하는 단어는 무엇인지, 나의 강점과 약점 등등 내가 다른 사람에게 던지던 질문들을 혼자 곱씹고 생각하고 되뇌이는 시간이었습니다. '노란질문'에 참여하는 동안 '난 이런 사람이었구나.' 생각해 보는 시간이었습니다. '노란질문'이 끝난 지금 가끔 나에게 질문을 던지곤 합니다. '오늘 하루는 어땠니? 오늘의 목표는 뭐니? 오늘도 수고했어, 어떤 것이 가장 재미있었니?' 하고 말입니다. 결국은 내가 행복하고 스스로를 사랑해야 남에게 배려도 할 수 있고, 사랑도 할 수 있다는 걸 깨달았습니다. 이렇게 나를 돌아볼 수 있는 시간을 선물해준 그녀에게 감사의 말을 전하고 싶습니다.

※ 정재민 님 (30대 여성, 프리랜서)